An die Mutter Erde

Betrachtungen zur spirituellen Entwicklung von Erde und Mensch

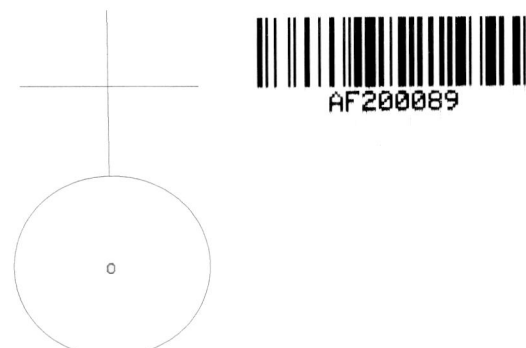

Herausgeber: Perceval-Institut für Kosmologie und christliche Hermetik

Franz Weber im Frühjahr 2001 und im Sommer 2019

Herstellung und Verlag:
Books on Demand – BoD, Norderstedt

ISBN: 978-3-7504-0269-0

Widmung:

Den Müttern dieser Welt
- in memorium meiner lieben und
verständnisvollen Mutter

An die Mutter Erde

Inhaltsverzeichnis:

An die Mutter Erde

Betrachtungen zur spirituellen Entwicklung und zur Gesundung von Erde und Mensch

Motto: „Durch Nacht zum Licht"

Einleitung:

In der hier vorliegenden Schrift sollen vor allem Gedanken mitgeteilt werden, die aus der Betroffenheit unserer Zeitlage heraus schon vor etlichen Jahren entstanden sind, die leider jedoch immer noch eine hohe Aktualität aufweisen.

Allein der zunehmende Egoismus und Technikwahn, die Gier nach mehr Geld und vor allem unser Konkurrenzdenken, das unsere Schöpfung oftmals noch immer als etwas Minderwertiges oder Feindliches betrachtet, nötigen zu einer Umkehr, bei der die Einheit von Erde und Mensch wahrgenommen und erkannt werden kann.

Unser Heimatplanet ist solch mannigfaltigen Angriffen ausgesetzt, so dass jeder mitfühlende und erkennende Gedanke und natürlich unser anteilnehmendes Verhalten von sehr großer Wichtigkeit ist. Jede auch noch so kleine Zuwendung zur Natur, zur Erde und dann auch entsprechend in einer gesunden Weise zu unserer eigenen Leiblichkeit, wird dankend angenommen und hilft der Erde, sich zu wandeln und zu regenerieren.

Geraten die Mächte, die die Erde ausbeuten und zerstören wollen, längerfristig gesehen zu einer führenden und treibenden Kraft in unserer Gesellschaft, ohne einen Ausgleich der naturverbundenen Menschen, die mehr ein Pflegen und Schützen fördern und fordern, so wären zweifellos große Katastrophen das Resultat unseres eigennützigen Handelns.

Die seelisch-geistige Gesundung und Entwicklung des Menschen hängt mit der Entwicklung der Erde auf das Innigste zusammen. Daher gilt es, nicht nur ein Verständnis und eine Abwehr für die Krankheiten der Menschen zu gewinnen, so wie dies zum Beispiel durch die Gentechnologie und den mannigfachen Impfungen versucht wird, um manche Krankheiten schon im Ansatz verhindern zu können.

Krankheiten können wir nur verstehen, wenn wir wissen, was Gesundheit oder besser noch, was eine Heilung bedeutet. Dabei ist der Entwicklungsgedanke entscheidend. Krisen, Krankheiten und Umbrüche können uns vor allem auch im Seelisch-Geistigen weiterbringen und zwar so, wie das in einem „normalen und gesunden" Zustand im Alltag selten möglich ist.

Auch die Erde selbst hat ihre Umbruchzeiten, in denen sie eine neue Entwicklungsebene beschreiten will. In solch einer Zeit leben wir heute. So kann es erst einmal vernünftig und erhellend sein, wenn wir uns ein Bild von unserer Erde machen.

Nicht nur die sinnliche Ebene, die wir glauben zu kennen, wäre da zu berücksichtigen. Zu einer Heilung gehört eben auch das Streben zum Geistigen hin. Die seelisch-geistige Ebene der Erde soll uns dann auch immer mehr ins Bewusstsein kommen. Dazu müssen heute vor allem auch die dunklen Bereiche des Daseins erschlossen und erkannt werden. „Durch Nacht zum Licht!"

Die Menschheit geht heutzutage überwiegend den Weg des Dr. Faust, der sich mit den dunklen Mächten verband, damit er Macht, Jugendlichkeit, persönliche Erfüllung und Glück finden konnte, im Endeffekt aber, um sich an diesen Mächten zu läutern, denn irgendwann wird deren Griff so leidvoll werden, dass man sich daraus nur noch befreien will. Dies ist aber kein einfacher Weg, denn die dunklen Mächte wollen uns vereinnahmen, fesseln und versklaven.

Der Ritter Parzival zeigt uns, als ein geistesgeschichtlicher Archetypus, den Menschen, der es schafft, durch Kampf und seelisches Ringen, über die inneren Zweifel Herr zu werden.

Ein neues Vertrauen gilt es somit zu finden, ein Vertrauen des einzelnen Menschen, der sich vom Leben des Geistes geläutert und getragen fühlt. Ja, der ganze Kosmos und unsere Erde tragen, nähren und führen uns. Himmel und Erde helfen uns, denn sie wollen im Menschen schließlich zusammenkommen. Der Mensch darf folglich ein Mittler zwischen den Himmels- und den Erdkräften sein. Somit hängt die weitere Entwicklung der Welt vom Menschen ab und der Mensch wiederum von einer gesunden Beziehung zur Erde.

Entweder wir leben weiter im äußeren Kampf, im Konkurrenzverhalten und im Eigensinn oder wir finden eine Hilfe und Führung in dem fortschreitenden Menschheitsgeist, der immer da ist und uns beistehen kann, der jedoch auf unseren freien Willen wartet.

Diesen Geist finden wir in unserem Inneren, im Gewissen, in der inneren Stimme, die uns in jeder Situation eine Mahnung, einen Wink oder eine erhellende Idee zukommen lässt.

Aus diesen inneren Impulsen können ganz neue Wege und Möglichkeiten für die Erde und für die Menschen erstehen. Wir brauchen daher nicht in irgendwelchen „Weltuntergangsstimmungen" resignieren, noch in einem Machbarkeits- und Fortschrittswahn des „Mainstream" aus Geld und Globalisierung, aus dem Diktat des freien Marktes und in vielfältigsten Ablenkungen und Vergnügungen uns irgendwelche Scheuklappen aufsetzen, um die Wirklichkeit, die wir selbst erschaffen, nicht sehen zu müssen.

Ganz sicher sollen und müssen wir die nahenden Abgründe und Gefahren auf vielen Gebieten des Lebens anschauen und erkennen. Dazu brauchen wir vor allem eine gesunde Urteilsfähigkeit. Und wir dürfen dafür auch ein Vertrauen haben zur Kraft des Individuums, zum menschlichen Ich, das sich im All geborgen weiß. Diese ist ja die stärkste Kraft in der Welt. Kein Geld- oder Sachzwang kann dieses freie und sich selbst bestimmende Ich besiegen, wenn es sich im Geiste wiedergefunden hat. Wir brauchen dann auch nicht mehr aufzählen, wie viel „gute Menschen" es doch gibt und uns mit ihnen zusammentun, um sich in der Gemeinschaft etwas stärker fühlen zu können, obwohl natürlich eine Vernetzung verschiedener Umweltgruppen und Geistesströmungen sehr sinnvoll ist. Im Bestreben, ja recht viele sein zu wollen, zeigt sich meistens schon wieder eine Hilflosigkeit und Ohnmacht gegenüber der „Übermacht" aus einer maßlosen Wirtschaft der Großkonzerne, dem Finanzwesen und einer korrupten Politik.

Die freien, ichhaften Menschen sind im Geiste miteinander verbunden. Taten aus einem freien Geist vollbracht, führen wahrhaft in eine gesunde Zukunft hinein. Aus freien Individuen können sich Zusammenschlüsse bilden, die nicht mehr aus der Ohnmacht oder aus wilder Gegenwehr entstehen, sondern aus den geistigen Impulsen für eine zukünftige Welt. Das einzelne und mündige Ich hat auf diesem Wege der Individuation seine eigenen Abgründe kennengelernt und sich im Innern selbst gefunden und zwar auch dann, wenn nichts Äußeres mehr weiterträgt.

Ganz allein auf sich selbst gestellt sein, das ist wie ein Durchgang durch das Nadelöhr: zum neuen Leben hin. Aus diesem Leben gewinnen wir die guten Impulse und Ideale zum Wirken im Irdischen. In diesem inneren Leben werden wir auch eine Verbundenheit erleben zu den Wesen der Natur und zu den Wesen in den himmlischen Welten. Daraus kann erst eine Heilung erste-hen. Und dies nicht nur für uns selbst.

Unser soziales und gesellschaftliches Leben erfordert dringende Reformen. Heute sind oftmals Geld- und Interessenkonflikte oder bestimmte Bedrängnisse die Auslöser für „Reformen", wo dann meistens doch nur eine „Flickschusterei" betrieben wird. Echte Reformen kommen aus dem Geist der Menschlichkeit. Diesen sollen wir suchen und finden.

Der Geist des Menschlichen ist in Christus im Erdensein erschienen. Er ist Himmelsgeist und hat sich durch seine Inkarnation im Jesus von Nazareth mit der Erd- und Menschheitsentwicklung verbunden - immerdar - für alle Zeiten.

In Ihm wurzelt unser Vertrauen in die Zukunft.

In Ihm ist uns die Kraft zum Neubeginn gegeben.

In Ihm ist Hoffnung und Heil.

So möge diese Schrift eine kleine Hilfe und Erhellung bieten, damit uns die Erde und der Kosmos innerlich näher und vertrauter werden kann.

Mögen die Menschen die Liebe und die Ehrfurcht finden, die sie für sich selbst und für ihre Umwelt so dringend benötigen.

Vom Wesen der Erde

Was man gemeinhin als Erde bezeichnet, also die uns bekannte natürliche Erde, ist ein Ausschnitt, ist nur die physisch-sinnliche Erscheinungsform von ihr. Zur Ganzheit der Erde gehören noch weitere Bereiche hinzu, die jedoch den irdischen Sinnen nicht mehr zugänglich sind.

Wie wir aus der Elementenlehre wissen, zeigt die Erde zunächst eine vierfache Qualität. Alles Irdische unterliegt ja einer Vierheit, so wie das für die leiblichen Sinne offenbar werden kann und für das verstandesmäßige Erkennen nachvollziehbar ist und im Folgenden beschrieben werden soll.

Der eigentliche physische Bereich, die feste, die tote und mineralische Erde ist durch die Naturwissenschaft hinlänglich bekannt.

Die wässrige und belebte Pflanzenerde offenbart die ätherische Welt im Sinnlichen beziehungsweise ist sie da ein Ausdruck für das Ätherische im Irdischen. In der Biosphäre, in der Wasser-Erde und in der Flora zeigt sich die Lebenssphäre der Erde.

Unser meteorologisches Geschehen kann mit dem Atem des Erdwesens verglichen werden. Die Luftsphäre beziehungsweise das Wettergeschehen spiegelt nämlich die astrale Ebene im Irdischen. In entsprechender Weise besitzt die empfindende Tier- und Menschenwelt eine Beziehung zum Atemrhythmus der Luftsphäre und dann auch zum Wettergeschehen. Die Fauna, die Tierwelt wird von der Astralebene unserer Erde impulsiert.

Zudem kann im Inneren der Erde ein Bereich des Feurigen gefunden werden. Die Wärmesphäre ist Träger eines Geistigen, so wie diese im Menschen durch die Eigenwärme zum Ausdruck kommt. Im Menschen kann sich darin eine Bewusstseinswelt ausdrücken, bestehend aus einem wachen Gegenstandsbewusstsein und einem Selbstbewusstsein. In den Bewusstseinsinhalten der Menschen kann sich entsprechend die Geistsphäre der Erde spiegeln und sich dadurch selbst erkennen.

Demzufolge ist im Menschen die gesamte Erde anwesend. Das Feuer, die Luft, das Wasser und die Erde als Qualitäten sind in ihm wirksam; ebenso im Erdorganismus selbst. Somit ist der Mensch eben auch ein Teil der Erde.

Das hermetische Gesetz: wie Innen so auch Außen, zeigt entsprechend unser Verhältnis zur Erde. Leidet die Erde, so werden mit der Zeit auch die Menschen leiden müssen. Zuerst die Schwächeren, aber irgendwann kommen auch die dran, die die eigentlichen Verursacher für diese Leiden sind.

Doch der Mensch gehört nicht allein der physischen Erde an. Er ist darüber hinaus ein Bürger verschiedenster Welten. So muss dementsprechend auch die Erde etwas „Himmlisches", etwas Geistiges in sich haben, das wir aber nicht mehr sinnlich wahrnehmen können.

Erst die übersinnliche Seite der Erde kann ihr eigentliches Wesen offenbaren. Doch bevor die Menschheit diese Sphären bewusstseinsmäßig beschreiten und erkennen kann, streng nach dem Gesetz: wie Oben, so auch Unten, muss die Verbindung zur „Nachtseite" und damit auch zum Nachtgestirn, zum Mond gesucht werden. Denn es gibt nicht nur eine geistig-übersinnliche und eine natürliche Erde, sondern auch eine untersinnliche. Diese untersinnliche Erde öffnet ihre Pforten in heutiger Zeit in zunehmendem Maße und dies vor allem durch die naturwissenschaftlichen Forschungen und deren technische Möglichkeiten.

Über die Monden-Seelensphäre, die im Seelisch-Geistigen zu unserem Erdwesen dazugehört, finden wir einen Zugang zu den eigenen seelischen und zu den kollektiven Ebenen und Abgründen. Da sprengen die sogenannten chtonischen Gewalten des seelischen Innenraums der Erde, also die elementaren Kräfte des Untersinnlichen unser allzu sicheres Leben in der Sinnenwelt.

Die „Schatten" der Erde wollen eben auch erkannt und integriert werden. Die heutige Naturwissenschaft hat die Tore zur Nachtseite, zur untersinnlichen Ebene der Erde sehr weit geöffnet. Die physikalische Erde offenbart darin die Schwerkraft und die ganzen mechanischen und chemischen Qualitäten. Hier zeigt sich der Doppelgänger der physisch-sinnlichen Erde. Die Schwere und die Trägheit der Materie weist in diese Bereiche hinein.

Die untersinnliche Polarität beziehungsweise den untersinnlichen

Schatten zur ätherischen Lebenswelt finden wir im Magnetismus. Der astrale Schatten zeigt sich in der Elektrizität und der geistige Doppelgänger im Untersinnlichen in der Atomkraft.

Alte Mythen und Kulturen symbolisierten diese untersinnlichen Kräfte und Wesen in mannigfaltigen Archetypen, wie zum Beispiel in der Medusa, in der Hydra oder in der Artemis mit einem Gorgonenkopf und dergleichen mehr. Dabei kann sichtbar werden, dass diese Schattenkräfte immer noch in einem Zusammenhang mit der Götterwelt gesehen wurden. Vielfältige Opferrituale, wie auch manche Blutopfer, waren darauf ausgerichtet, diese untersinnlichen Mächte zu befrieden.

Heute haben die Menschen zumeist den direkten Zugang zu einer übersinnlichen und mythischen Welt verloren. Umsomehr steigen die untersinnlichen Mächte und Kräfte auf, die mit einer zunehmenden Technisierung und Elektronisierung gefördert und heraufbeschworen werden. Die dunkle, die schattenhafte Erde, die sogenannte dunkle „Kali", in der indischen Kultur ist sie die Todesgöttin, trennt sich durch eine Missachtung und der Unwissenheit vieler Menschen vom Ganzen, vom Einklang mit dem Kosmos ab und wird so zu einer Gefahr für die natürliche Erde, für die Erdmutter selbst.

Über die Kräfte des Untersinnlichen, also über die physikalische, elektrisierend-magnetische und radioaktive Erde, wirken bestimmte Widersachermächte vermehrt in unser Erdenleben hinein. In einer natürlichen Welt haben diese untersinnlichen Kräfte ihre vom Kosmos ganz bestimmten und ihnen zugewiesenen Aufgaben, so dass sie dem Heil des Ganzen dienen. Werden sie aber vom Menschen durch die Technik, in früheren Zeiten auch durch gewisse magische Verrichtungen, aus ihrem Erdzusammenhang herausgelöst, können sie böse werden, das heißt, es wird dadurch eine eigene, losgelöste und einseitige Welt errichtet, die den moralischen Gesetzen der übersinnlichen Welten widersprechen beziehungsweise wollen sich diese Doppelgängerwelten aus dem Kosmos herauslösen und eine eigene Welt erschaffen.

In der Geisteswissenschaft werden die aus dem kosmischen Zusammenhang herausgefallenen Schattenwesen im Magnetismus, in der Elektrizität und in der Radioaktivität als die luziferischen, ahrimanischen und asurischen Mächte bezeichnet. Sie sind gefallene beziehungsweise zurückgebliebene Wesen aus den ursprünglichen himmlischen Hierarchien der Engelwelten und hatten die Aufgabe im Kosmos, die Schwere, das Feste und die Trägheit der Materie herbeizuführen. Heute arbeiten sie daran, einen Gegenkosmos zu erschaffen. Der Mensch gibt ihnen durch sein selbstsüchtiges Handeln erst die Möglichkeit dazu. Jedoch ist es wiederum der Mensch, der diese Kräfte bändigen und zügeln kann, wenn er sich freiwillig wieder den himmlischen Mächten zuwenden will.

Wir machen eben das Gute oder das Böse stark auf der Erde. Deshalb ist auch alles weitere Schicksal der Erdentwicklung auf den Menschen selbst gestellt. Die göttlich-geistige Welt ließ ja den Menschen frei, damit er mündig und eigenverantwortlich, sprich erwachsen werden kann. Diese Freiheit beinhaltet aber auch, dass wir alles zerstören können oder wir arbeiten bewusst am Fortgang der Schöpfung mit. In der Auseinandersetzung mit den Kräften der untersinnlichen Erde reift der Mensch erst wirklich zu einem echten Selbstbewusstsein heran. Erringen wir nämlich eine Freiheit und Eigenständigkeit gegenüber diesen vereinnahmenden Wesen und Kräften des Untersinnlichen, damit sie uns dienen und nicht mehr beherrschen, sind wir erst fähig, an einer neuen Schöpfung mitzuarbeiten.

Je mehr sich die Menschen wieder den übersinnlichen Sphären der Erde zuwenden, um so mehr werden göttliche Wesen helfend beistehen können. Die geistige Welt wartet auf den freien Menschen. Dessen Wille ist Gesetz und Schicksal zugleich.

Wir dürfen daher versuchen, uns an die übersinnliche Erde heranzutasten. Das Wesen der Erde finden wir in den nichtsinnlichen beziehungsweise in den übersinnlichen Kräften und Bereichen. Sie offenbaren sich in der irdischen Welt in übersinnlicher Weise. Im physisch Festen spiegeln sich in den Kristall- und Formkräften der Materie die höchsten Sternen- und Geisteswelten, zum Beispiel in den Edelsteinen; die kosmischen Planetenkräfte wirken in den Metallen. Die Informationsebene, die geistige Grundstruktur des Physischen urständet letztlich im Geistigen.

In der wässrig-wachsenden, in der ätherischen Lebensebene der Erde offenbart sich für das übersinnliche Schauen die elementarische Welt der Sylphen, Gnome, Elfen, Undinen und Salamander. Sie wirken belebend und rhythmisierend und erschaffen vielfältige Ordnungen in der natürlichen Welt. Die Geomantie versucht heute wieder, diese Bereiche zu erforschen und auch zu gesunden.

Kraftorte und Ätherlinien der Erde stehen in einem analogen Verhältnis zu den Meridianen und Energiezentren im menschlichen Ätherleib. Immer kann daher eine gegenseitige Wirkung des Menschen mit dem Erdwesen angenommen werden.

Dies kann vor allem auf der astralen Ebene eingesehen werden, die das empfindungshaft Beseelte im Menschen und in der Erde impulsiert. Da entfachen unsere seelischen Launen und Begierden gewaltige Auswirkungen im Astralmantel der Erde. Die Astralsphäre der Erde ist ja die Heimat der Gruppenseelen unserer Tierwelten, wie auch unserer seelischen Neigungen und den inneren Kämpfen. Erdbeben, Vulkane, Orkane und dergleichen mehr sind Resultate aus dem Wechselwirken von astralen, menschlichen und natürlichen Auseinandersetzungen. Gerade eine gesunde Ökologie sollte daher einen großen Wert auf die Schönheit und das Zusammenwirken von Mensch und Natur legen. Es geht schließlich nicht nur darum, die Natur in Biotopen „einzuzäunen", also vor dem Menschen zu schützen, sondern vor allem um ein gleichberechtigtes und gesundes Zusammenleben.

Die Erde ist unser Leib, denn unser Leib ist aus Erdenstoffen gebildet. Sie ist daher auch der Träger für den lebendigen Geist, da auch der menschliche Leib der Träger unserer geistigen Individualität während eines Erdenlebens ist. Leib und Geist dürfen und sollen sich daher vermählen, das ist Menschheitszukunft und unser aller Auftrag. Noch fühlen sich ja viele Menschen mehr dem Leib, andere wiederum dem Geist und dem Ich des Menschen zugetan. Damit der Leib ganz angenommen und durchgeistigt, also individualisiert werden kann, bedarf es jedoch noch vieler weiterer Erfahrungen und Inkarnationen.

Die Erde bietet für unseren menschlichen Geist einen Umraum

und einen Selbsterfahrungsraum. In der Selbsterkenntnis und dies vor allem in der Begegnung mit den Erdkräften findet der Mensch seinen sich selbst immer bewusster werdenden Geist in sich, in und durch sein Ich. Der Geist des Menschen, sein selbstbestimmtes Ich, das sich in sich und im Kosmos beheimatet und geborgen fühlt, hat nun die freie Möglichkeit, auch den Geist der Erde zu finden, denn der Geist im Menschen, der Geist der Erde und der Geist des Alls, der alles durchdringt und erhält, urständen in einer Quelle: Gott ist Geist.

Die Erdenmutter als ein kosmischer Archetypus und als ein geistiges Wesen wird auf diesem Wege immer mehr zu einer Realität, die im menschlichen Bewusstein erfahrbar ist. In allen Hochkulturen wurde und wird dieses Wesen verehrt. Als Nut in Ägypten, als Diana bei den Römern, als Artemis und Demeter bei den Griechen oder als Eva im Alten Testament lenkt sie die Geschicke der Menschheit mit. So wie sich aber die Zeiten und Kulturen wandelten, so auch die Erscheinungsweisen der Erdenmutter selbst.

Im esoterischen Christentum wird die biblische Mutter Maria auch als Erd- und Menschheitsseele angesprochen. Die Erdenmutter Eva des Alten Testamentes empfing in der Jungfrau Maria in der Urweihenacht den kosmischen Geistesfunken, das göttliche Kind. In der Mutter Maria, wie auch in der früheren Bezeichnung als Eva, war eben die Erdseele anwesend beziehungsweise inkarniert. Somit empfing die Erdenseele in der Ur-Weihenacht die reinste Menschenseele, das reine Urbild des Adam Kadmon, des kosmischen Menschen, als ihr Kind.

Als Eva empfing beziehungsweise gebar die Erdseele in Urzeiten den Abel, gezeugt mit Adam, dem Menschen, der den Erdenweg nach dem Sündenfall beschreiten sollte. Mit Adam, dem „gefallenen" Menschen, ging die Weltenmutter in den irdischen, in den festen und von Ahriman beherrschten und gefallenen Bereich der dunklen Materie hinunter. In der Eva war folglich ein Teil der Weltenseele, des urmütterlichen Prinzips im Kosmos, inkarniert.

Ein „Teil" der Seele des Adam blieb jedoch in der geistigen Welt und machte den sogenannten Sündenfall in der lemurischen

Erdzeit und die darauffolgenden Inkarnationen der Menschensee-len auf der Erde nicht mit. Nach Rudolf Steiner inkarnierte sich dieser Seelenteil in dem sogenannten nathanischen Jesus zum erstenmal in einem physischen Körper in der Weihenacht in Bethlehem im Stall, so wie diese Geburt im Lukas-Evangelium beschrieben ist.

Die Zeugung des Kain geschah aber durch Eva, der Erdmutter, mit einer geistigen Wesenheit, mit Luzifer. Kain war also der Erst-geborene. Er wurde noch im Kosmischen gezeugt, also noch von einem kosmischen Wesen befruchtet. Abel dagegen entstammte einer irdischen Zeugung, der Beiwohnung des Adam mit Eva.

Kain musste aufgrund dieser Zeugung die Gottesgesetze über-treten, um etwas Eigenes erschaffen und ein Eigensein kreieren zu können. Darauf verweist urbildlich auch der Prometheus-Mythos. Prometheus brachte das Feuer, den luziferischen Eigenwillen auf die Erde herab.

Abel war viel eher ein „Erdenmensch" - der Erdenmutter zuge-neigt und dadurch gottesfürchtig und gottergeben. Kain dagegen besaß noch stärkere kosmische Schöpferkräfte. Diese wollen ja erobern, beherrschen, gestalten und kreieren.

In dieser Urpolarität finden wir, in den biblischen Bildern ausge-drückt, eine Spaltung des Menschengeschlechts, worauf letztlich unsere ganze Erdengeschichte gründet. Himmlisches und Irdi-sches, also mehr dem Himmlischen oder dem Irdischen zugeneigt beziehungsweise ein aktives oder ein sich hingebendes Leben be-kämpften sich fortan.

Durch die Jungfrau Maria, der Trägerin der Weltenseele, wurde im Jesus von Nazareth die nathanische Jesusseele in Bethlehem gebo-ren. Diese paradiesische Seele war zuvor noch nie verkörpert ge-wesen. Sie war ganz rein und ohne Schwere dem Himmel zuge-tan. Sie war ein Teil des Adam Kadmon, des kosmischen Urmen-schen, die den Sündenfall nicht mitmachte und bis zur Geburt in Bethlehem in den geistigen Welten verblieb. Der sogenannte salo-monische Jesus war der andere Teil des Adam Kadmon, also der Adamströmung, die durch den Sündenfall und die vielen sich daran anschließenden Inkarnationen ging.

Aus Rudolf Steiners Forschungen kennen wir die Verbindungen beziehungsweise das Zusammenkommen dieser beiden Jesusknaben im 12. Lebensjahr, als Jesus im Tempel zu lehren begann. Der salomonische und der nathanische Jesus wirkten fortan in einem Leib. Im 30. Lebensjahr des Jesus kam die Christuswesenheit bei der Jordantaufe in die Leiblichkeit des Jesus hinein. Der Sonnengeist Christus durchdrang daraufhin drei Jahre diesen menschlichen Leib und vereinigte sich auf Golgatha, also nach seinem Kreuzestod, mit der Erdseele. Er ist seit dieser Zeit der Geist der Erde. Der Weltengeist Christus und die Weltenseele, die Weltenmutter Maria-Sophia sind somit seelisch-geistig und ätherisch in der Erdenwirksamkeit anwesend.

Durch diese Christustat im Erdgeschehen konnte die himmlische Weisheitskraft, die göttliche Sophia, wieder auf Erden wirken. Die Erdseele, das kosmisch-irdisch Weibliche in Maria und die Himmelskönigin, das kosmisch Weibliche in der Sophia, werden von da an immer stärker zu einer zusammenwirkenden Einheit.

Aus diesem Grund verändert sich die Aura der Erde zunehmends, was gerade in heutiger Zeit von großer Bedeutung ist. Die Erdenmutter und die Himmelsmutter und das Christusprinzip wirken zusammen in und an der Erde. In und auf der Erde wirken folglich Sonnen- und Himmelskräfte und die lebendigen Erdkräfte zusammen. Maria-Sophia und Christus, die Welten-Erdenseele und der Weltengeist, der Logos, bilden zusammen das neue Wesen der Erde.

Eine geistige Hinwendung des Menschen zur Erde zeigt in ihrem archetypischen Grundmuster folglich eine Mutter - Sohn Thematik. Beim Golgatha-Geschehen war der Lieblingsjünger Johannes und die Mutter Maria in dieser archetypischen Konstellation vom Christus am Kreuz gesegnet worden: „Siehe Dein Sohn - siehe Deine Mutter".

Im Evangelisten Johannes, dem von Christus auferweckten Lazarus, waren die Individualitäten beziehungsweise die geistigen Wesenheiten des Kain und des Abel vereint und damit von ihrer Polarität erlöst worden. Darauf weist Rudolf Steiner hin, in dem die Individualitäten des Lazarus und des Johnnes des Täufers im

Lieblingsjünger Johannes zusammen kamen und zusammen wirkten. So sollen entsprechend auch die Polaritäten der Kainiten und der Abeliten in den Menschheitsströmungen sich versöhnen, das heißt, sich in Christus wiederfinden. Der Mensch hat zukünftig vor allem den geistigen Weg, den uns Johannes zuweist, zu beschreiten. Im Evangelium des Johannes und noch mehr in der Johannes-Apokalypse ist dieser Weg für die ganze Menschheit beschrieben. Maria und das kosmisch Weibliche hilft uns dabei in die Zukunft hinein. Eine Rettung der Menschenseele geht folglich nur noch über eine Verbindung mit der Erdseele.

Im Pfingstereignis kam der Heilige Geist, kam die himmlische Weisheit zu den Jüngern, die um Maria versammelt waren. Darin zeigt sich ein tiefes Mariengeheimnis, in dem der himmlische und der irdische Teil des kosmisch Weiblichen zusammenkamen. Maria-Sophia ist die Führerin der Menschenseelen in die Zukunft hinein.

Christus ist der Geist der Erde. Auf der Erde und durch den Geist der Erde kann sich das freie und sich selbstbestimmende Ich im Menschen ausbilden. In der christlichen Esoterik wird deshalb von einem Ich-Einweihungsweg gesprochen. Nicht mehr instinktive, atavistische Ahnungen, Visionen, Intuitionen und Inspirationen können alleine weiterhelfen. Die Erdmutter allein schafft keine umfassende Einheit mehr mit dem Kosmos. Auch die dunklen und mächtigen Mondenkräfte genügen nicht, um den massiven Attacken aus den untersinnlichen Sphären etwas Stärkeres entgegensetzen zu können. Die Erdmutter ist aus den untersinnlichen Bereichen in ihrer Existenz bedroht. Die natürliche Welt wird ja von der Technik und dem Raubbau der Menschen immer stärker zurückgedrängt.

Natürlich kann sich die Erde dagegen wehren. Allein schon über die Astralsphäre, zum Beispiel im Wettergeschehen, in Erdbeben, in Überschwemmungen und so weiter, ist von der Erde aus den unsinnigen Menschentaten beizukommen. Dieses Erziehungsmittel der Mutter für ihre „Kinder", die nicht eigenverantwortlich erwachsen werden wollen, wird in Zukunft leider vermehrt gebraucht werden. Eigentlich haben wir doch sehr viele Chancen bekommen und Zeichen, die zu einer Umkehr mahnten. Wir sollen nämlich „erwachsen" werden, ichbewusst und selbstständig nach Weisheit streben. Ein neues und gleichberechtigtes Verhältnis ist mit der Erde anzustreben und einzugehen. Maria und Johannes, die Mutter und der Sohn, haben dies vorgelebt. So dürfen wir, wie Johannes, zu „Söhnen" der großen Erdmutter heranreifen

In Christus und in der Maria-Sophia ist uns die Rettung gegeben. In ihnen eröffnet sich ein gemeinsamer Weg, der die Menschheit, die Erde und den Himmel umfassen will. Darin ist die Zukunft und das Ziel der Menschheitsentwicklung urbildlich vorgegeben.

Im freien und im sich selbstbestimmenden Sonnen-Ich können wir den Geist des Christus, das Welten-Ich suchen und finden. In unserem Wesens-Ich sind wir Teil von seinem Wesen. Wir sind darin ein Ebenbild des göttlichen Ichs: „Ich und der Vater sind eins".

In einer Verbindung mit der Weltenseele und dem Weltengeist wird die Erde und der Himmel in jedem Menschen neu vermählt. Der Heilige Geist, die Sophienkraft des Alls kann Einzug finden im Menschenseelenwesen. „Nicht ich, sondern der Geist der Erde und des Himmels in mir".

Dieses innerseelische Geschehen im Menschen hat eine Auswirkung auf die ganze Welt. Eine neue Zeit bricht heran, in der diese Kräfte immer stärker wirken wollen. Das göttlich Weibliche will zukünftig über die Wassermannqualitäten, zum Beispiel die der „Brüderlichkeit" oder besser noch in einer Geschwisterlichkeit, in alle sozialen Belange einwirken. Der Christusgeist zeigt heute mehr und mehr die kosmischen Löwekräfte des individuellen Gestaltens und einer ichhaften, schöpferischen Liebe. Denn auch die geistigen Wesenheiten und Kräfte offenbaren von Zeit zu Zeit andere Aspekte aus ihrem grenzenlosen Sein. Daher sollen und dürfen wir ihnen folgen, um selbst immer mehr einer Ganzheit entgegengehen zu können.

Im Wesen der Erde, im Wesen des Geistes und damit auch im Wesen des Menschen hat die Menschheit eine Zukunft, ein Leitbild und eine gesunde Entwicklung zum Guten hin.

Vom Wesen des Weiblichen zur kosmischen Frau

Schon in matriarchalen Zeiten wurde das Weibliche in drei verschiedenen Ausdrucksweisen verehrt. Zunächst zeigt die jungfräulich-reine Seite ein „kindliches" Element des Neubeginns, analog im Jahreslauf dem beginnenden Frühling zugeordnet. Dann folgt im irdischen Leben die sinnlich-vitale und gebärende Seite des Weiblichen und zuletzt, dem Herbst entsprechend, ein Wandlungsaspekt zur reifen und alten Frau.

Diese Dreiheit ist auch in der christlichen Geistesgeschichte in einer verwandelten Form wiederzufinden. Im Folgenden werde ich dieses Prinzip des Trinitarischen so erläutern, dass daraus verschiedene Formen des Weiblichen sichtbar werden können.

Im Kosmos finden sich diese weiblichen Attribute und Archetypen in entsprechender und analoger Form in der Erde, im Mond und in der Sternenwelt. Betrachtet man diese Dreiheit auf der Grundlage der sinnlichen, der übersinnlichen und der untersinnlichen Welt, so ergibt sich eine neunfache Gliederung, je nach dem, auf welcher Ebene ein bestimmter Archetypus gelebt wird.

Diese Archetypen können in der menschlichen Seele selbst aufgesucht werden. Meist ist in unserer Kultur das Weibliche noch beschränkt auf den Archetypus der Mutter und der Geliebten. Wollen wir uns weiterführend auch dem Geistigen der Erde annähern, so sind hierfür die entsprechenden innerseelischen Ebenen aufzusuchen, zu entwickeln und dann auch zu leben.

Die folgende Aufstellung zeigt nun kurz und zusammengefasst die Stufen zu einer ganzheitlichen Betrachtung des Weiblichen mit einigen Vertreterinnen aus verschiedenen Geisteskulturen.

Ich beschreibe hier die einzelnen Ebenen nicht genauer. Ein besinnliches und meditatives Herangehen möge etwas vom inneren Gehalt dieser Archetypen erhellen. Zusätzlich sind noch einige astrologische Parameter genannt, da ja kosmische Archetypen mit den astrologischen Bezeichnungen übereinstimmen. Sicherlich ist hier keine Vollständigkeit erwogen. Diese Übersicht kann ergänzt und weitergeführt werden - und das soll sie auch.

Formen des Weiblichen

	die lichte Erde	der lichte Mond	die lichten Sterne
die über-sinnliche Ebene	Maria (Artemis, Diana)	Isis (Tor zur Geburt und zum Tod)	Sophia (Urania und Pallas Athene)
die sinn-liche Ebene	die Erde die leibliche Mutter rot	der Mond ☽ die seelische Mutter schwarz	der Tierkreis die geistige Heimat weiß
die unter-sinnliche Ebene	die dunkle Erdmutter (Hure von Babylon, Kali)	der dunkle Mond (Schwarzmond) Lilith	der dunkle Stern (Sophia Achamoth)

Die dunkle Ebene bildet im Kosmos und im Menschen gewisser-maßen den Doppelgänger und damit die Schwelle zur übersinn-lichen Sphäre. Die sinnliche Ebene entsteht aus dem Zusammen-wirken von dunklen und lichten Kräften. Schattenanteile der Seele sind jedoch nicht immer mit der untersinnlichen Sphäre gleich-zusetzen. Der Schatten, wie er in der Psychologie beschrieben ist, kann alle Ebenen betreffen, wenn diese nicht bewusst gemacht und im Seelenleben integriert sind.

Das lichte, reine und kosmisch Weibliche ist in christlicher Ter-minologie zusammengefasst im Begriff des Heiligen Geistes. Dieser umfasst kosmologisch betrachtet die geistige Ebene der Erde, des Mondes und der Sterne beziehungsweise damit auch den geistigen Tierkreis. Das kosmisch Weibliche erschafft die wirken-de Grundlage, die geistige Matrix für die physisch-reale Welt. Die physische Welt ist ja verdichteter Geist, worin eben Geist und Stoff zusammenwirken müssen, damit Welt entstehen kann.

Nachfolgend soll dieser Zusammenhang in kurzer Form so darge-stellt werden, damit der Leser mit diesen Angaben in eine medi-tative Betrachtung hineinkommen kann:

Heiliger Geist

Mutter Erde	Mond	Tierkreis
Maria	Isis	Sophia
die Leibesmutter	die Seelenmutter	die Himmelskönigin
		und Braut

Kosmologisch ergeben sich folgende Polaritäten zu den astrologischen Planetenqualitäten:

zur Sonne ☉	zum Saturn ♄	zu Uranus ⚥
dem Ich-Impuls	dem Schwellenhüter	dem höhern Ich

Im Mittelalter wurden diesen weiblichen Attributen folgende Qualitäten zugesprochen:

die Treue	die Mächtige	die Milde
virgo fidelis	virgo potens	virgo clemens

die Erdmutter schenkt uns die Leiblichkeit Eva - der Leib ist aus Erde. Durch die asrologische Erde können wir unsere Erdenaufgabe finden. Die astrologische Erde wird im Horoskop in Opposition zur Sonne gefunden.

die Seelenmutter führt den Menschen durch die eigenen Seelengründe. Sie entspricht dem dreiteiligen Mond: zunehmend – lebensvoll: - rot (Ceres und Juno im Horoskop) abnehmend – läuternd: - schwarz (Pandora) Neumond – rein: weiß (Psyche, Vesta)

die Himmelskönigin und Braut Pallas Athene, Venus Urania, die geistige Mutter und Muse

Inspiration und Führung

Die Asteroiden im Horoskop zeigen das seelische Wandlungsleben. Die Asteroiden Ceres, Juno, Pandora, Psyche, Vesta und der Schwarzmond, der dunkle Mondpunkt, sie verbinden die Mondensphäre der Isis mit der geistigen Sphäre der Sophia, die in den Asteroiden Pallas Athene und Venus Urania in unser Seelenleben inspirierend hereinleuchten wollen.

Alle Archetypen zusammen sind Aspekte der großen göttlichen Mutter, die sich in der Geistesgeschichte der Menschheit in verschiedenen Äußerungen offenbarte und auch in die Zukunft hinein sich immer weiter offenbaren wird. Die göttliche Mutter trägt und gebiert das Weltall aus sich heraus. Sie trägt auch unseren Leib, führt unsere Seele und schafft die Verbindung zum Geist der Welt.

In heutiger Zeit beziehungsweise in der christlichen Kultur, ist uns durch die Apokalypse des Johannes ein Bild gegeben, das die göttliche Mutter im gegenwärtigen Ringen offenbaren will. Die kosmische Frau ist darin in einem Bild beschrieben, mit dem Mond unter den Füßen, der Sonne im Herzen und den Sternen über dem Haupt. Dieses Bild gilt es näher zu betrachten, da hier etwas vom Werde- und Entwicklungsgang der geistigen Archetypen anschaulich wird.

Der Mond unter den Füßen: Die Mutter des Seelischen, die Mondenkräfte, sie sollen nicht mehr herrschen, wie zum Beispiel noch in matriarchalen Kulturen. Die Seelenkräfte, auch die Unterbewussten, sollen uns viel mehr tragen. Das geschieht aber nur, wenn wir das Unbewusste erhellen, annehmen, wandeln und so entwickeln, damit diese Kräfte dem „Oberen" dienen können. Daraus resultiert erst die Komponente der mächtigen Frau, der Archetypus der Isis. Solange wir noch von unterbewussten Kräften bestimmt und geführt werden, sind wir nicht frei. Auch die dunklen Mondenkräfte sind zu integrieren, was im Leben meistens durch ein Loslassen und Läutern geschieht. So gehört auf dem seelischen Entwicklungsweg des Weiblichen immer auch eine Art Pieta hinzu, wo auf der einen Seite das Kind getragen und beschützt wird, aber dann zur rechten Zeit ein Loslassen und Sterben geschehen muss.

Die Sonne in der Mitte im Bilde der apokalyptischen Frau weist hin auf die Erde, auf die Leibesmutter, die das Sonnenkind im Herzen gebiert und trägt. Die Erde bildet kosmologisch betrachtet auch einen Gegenpol zur Sonne, nicht nur der Mond, so wie dieser in manchen astrologischen und esoterischen Schriften als Polarität zu Sonne geschildert ist.

Die Erde empfing den Sonnenkeim. Maria stellt archetypisch gesehen das Gefäß dar für die innere Geistessonne im Menschenreich. In der Erde ist der Sonnengeist, ist der Christus einwohnend. Die Erde hat dadurch eine kosmische Zukunft. In sie ist durch das Christuswesen der Keim für eine neue Sonne hineingelegt worden. Die Erde ist aber auch unser Leib. Durch das Christus-Sonnen-Prinzip geschieht im Laufe der zukünftigen Erd-Entwicklung eine Auferstehung des Leibes - eine neue Seinsebene wird dadurch errungen.

In der Erde, in der Erdmutter Eva beziehungsweise in Maria, ist das Sonnen-Christusprinzip einwohnend. Die Erde verbindet somit die Sonne (den Geist) und die Physis (den Leib) in sich. Die Sonne bildete bis zur hyperboräischen Zeit noch eine Einheit mit der Erde. In dieser Zeit trennte sich dann die Erde, entsprechend auch der Leib von der Sonne, vom universalen Geist ab, so dass dieser nur noch als ein Keim im Menschengeist, im Wesenskern, in des Menschen Ich individualisiert und selbstbestimmt gefunden und auftreten kann. Die Spaltung der Erde vom Mond kann dann in analoger Weise als eine Leib- und Seelentrennung verstanden werden, so wie diese urgeschichtlich in der lemurischen Zeit stattfand. Die Seele konnte sich ab dieser Zeit zwischen den leiblichen Bedürfnissen und den geistigen Idealen und Gesetzen in einem Eigenerleben erfahren, die dann vermitteln und verbinden soll.

Die Erdentwicklung selbst ist in zwei Teile gespalten. Bis zur Zeitenwende waren Marskräfte des Trennens, des sich Behauptens und des Eroberns führend. Nach der Zeitenwende begann das Merkurwirken. Das „Horus-Sohn-Prinzip" ist der neue Mercurius, der Geist, Seele und Leib wiederverbinden kann.

In der ägyptischen Mythologie erzählt dies die Osiris-Isis-Legende. Osiris wurde zerstückelt. Die Einheit des Alls spaltete sich. Isis konnte seine Einzelstücke wieder zusammenbringen und zusammenfügen. Auch die kosmische Einheit wurde zerstückelt. Die Sprachen-, Rassen- und Stammesvielfalt zeigt dies sehr deutlich, denn das gemeinsam einigende Band verlosch mehr und mehr.

Die weibliche Seite im Kosmos wurde eine Zeit lang noch zum verbindenden Element, bis auch da der „Schleier der Isis", bis sich das kosmisch Weibliche, die Sternenweisheit zurückziehen musste. Dadurch wurde jedoch ein neuer Raum geschaffen, ein offener Raum wurde frei. Eine neue Zeugung konnte darin geschehen.

Horus-Christus, ein drittes Prinzip im Kosmos, schafft fortan eine neue, eine zukünftige Welt, in der die männlichen Osiris- und die weiblichen Isis-Kräfte wieder zusammenwirken können.

Das männliche Prinzip im Kosmos schuf eine Trennung zwischen dem Licht (Osiris) und der Finsternis (Seth). Isis verbindet Licht und Finsternis in sich selbst. Sie war in der ägyptischen Mythologie mit Osiris und mit Seth verbunden. Isis trägt das Lichte und das Dunkle in sich. Dadurch konnte sie auch das Zeugungsorgan des Osiris nachbilden.

Im Einklang beziehungsweise in der Integration mit dem „dunklen" Bruder wurde von Isis und Osiris der Horus gezeugt. Er weist wie Christus apollinische und dionysische Züge beziehungsweise Licht- und Finsterniskräfte in sich auf. Das apollinische Vernunft- und Ordnungselement und die dionysische Spreng- und Chaoskraft sollen und können in der Menschen- und Weltentwicklung zusammenkommen und sich somit ergänzen. Der Keim dazu ist im Christusleben gelegt worden. Geistig war dies in Osiris, Isis und Horus schon vorbestimmt. Irdische Wirklichkeit wurde dieser Ausgleich erst im Christusleben auf der Erde. Zukünftig soll und kann dieser Ausgleich in jeder Menschenseele vollzogen werden durch die Kraft des Mercurius, dem Verbinder von Gegensätzen.

Über die weibliche Seite im Kosmos, also über die Muttergottheit, können sich die spirituellen Sphären der Erde, des Mondes und der Sternenwelten offenbaren. Über die kosmisch „männliche" Seite als dem Mercurius, dem Sohn- oder Kindprinzip der Christuswesenheit kommt die Sonne in die Mitte beziehungsweise in das Herz der Gottesmutter hinein. Die Christussonne, das Kindprinzip, bildet den Mittelpunkt der kosmischen Frau und verbindet somit die Erde und den Leib mit dem Geist des Himmels.

Die Beziehung des Sonnenhaften mit dem Mondenhaften und damit zwischen dem individuellen Geist und der menschlichen Seele, kann im Menschen vollzogen werden. Der Mond soll dabei ein Gefäß für die Sonne sein. Darin zeigt sich eine Gralsthematik.

Die Seele wird zur Schale für den Sonnengeist, für den Kern des menschlichen Ichs.

Nun erst wird der Weg frei, um die Geistigkeit der Sternenwelten in einer ichdurchdrungenen Seele empfangen zu können. Der Christus, die innere Sonne und das freie Ich im Menschen, sie weisen gemeinsam den Weg zu den Sternenwelten.

Von der Erde, der Leibeswelt, über den mondenhaften Seelenweg, der die Planetensphären in sich aufnimmt und dadurch eigene Wandlungsmöglichkeiten erhält, führt der Geistesweg bis zu den Werten und Gesetzen des Tierkreises hin. Darin zeigt sich ein zeitgemäßer Schulungsweg, der auf dem inneren Sonnen-Ich-Prinzip gründet. Der Mond, das Seelische, soll vom Ich erleuchtet und durchdrungen sein. Der Leib, die Erde, bildet das Heim, in der die Sterne eine Wohnung finden wollen; getragen von einer Seele, die sich mit dem Leib, wie auch mit dem Geist über das ichhafte Selbstbewusstsein verbinden will.

Dementsprechend resultieren für das menschliche Ich drei Wege zum Geist. Zunächst ist die Hinwendung zur Erde, zum Leib, eine Ebene, wo es heute vor allem um eine gute Erdung, um Ökologie, Gesundheit und eine Heilung gehen muss. Ein Liebesweg schließt den Leib mit ein, nimmt ihn an, so wie er ist, mit all seinen Bedürfnissen und Notwendigkeiten. Eine spirituelle Entwicklung über den Leib wird es geben können, wenn wir bereit sind, die irdische Liebefähigkeit zu erhöhen beziehungsweise zu veredeln. Kosmologisch zeigt Venus unsere irdische Liebesfähigkeit. Die höhere Oktave der Venus ist uns in der Neptunsphäre, in der All-Liebe angedeutet. Eine Erhöhung unserer Empfindungen und Gefühle zu einer geistigen Liebe hin, lässt uns allmählich in die Regionen einer universellen, allumfassenden Liebe der Christuswesenheit einmünden. Aus dieser Neptunsphäre strömt uns das lebendige Wort als inspirierende Kraft entgegen. Der Logos urständet eben im Sein der Liebe. Soll diese Christusliebe im Irdischen wirken können, so muss sie bis in den Leib, bis in die Erdenwirksamkeit und dann auch zur Tat kommen können. Eine praktische, helfende und bedingungslose Liebe entspringt daraus. Als Nächstes wäre der Seelenweg zu erwähnen. Hier herrscht oftmals noch das Mondenhafte und unser „Ego", der Eigenwille vor. Dieser soll sich aber wandeln und läutern. Die Seele soll in der Verantwortung für das Wohl des Ganzen einen Läuterungsweg beschreiten, der die Begegnung mit dem Hüter der Schwelle zum Ziele hat. In diesem drückt sich eine Saturn-Thematik aus, die im Endeffekt eine Ausrichtung zum Weltenwillen herbeiführen will. Über die Läuterung der Seele gewinnt der Mensch eine Macht und eine Stärke über sich selbst. Damit wird sie fähig, über sich selbst hinauszuwachsen. Ein höherer Wille, der Gotteswille, der astrologisch gesehen eine erlöste Plutothematik charakterisiert, wird uns in den Kräften der Intuition offenbar.

Als ein dritter Weg gilt es das Denken beziehungsweise unseren Intellekt, also die astrologischen Merkurqualitäten, so zu beleben, dass darin eine gesunde Vernunft entsteht, was kosmologisch dem Jupiter entspricht. Wir könnten heute sehr viele Probleme lösen, wenn wir nur wirklich vernünftig wären, das heißt, wenn wir von unserem gesunden Menschenverstand Gebrauch machen würden.

Eine Denkschulung bildet in freier Weise eine Brücke zum lebendigen Geist, der uns in inneren Bildern und Imaginationen etwas von den Ideen und Idealen einer weisheitsvollen Sternensphäre vermitteln will. Das menschliche Denken kann in einer Verlebendigung durch ein intuitives Erkennen, einer Uranusqualität, allmählich zu einem Weltendenken hingereichen. Die „Sternengedanken" können im intuitiven Menschendenken offenbar werden.

Drei Wege zum Geist. Keiner schließt den anderen aus. Ja, sie ergänzen und bedingen sich gerade, wenn wir in gesunder und lebensvoller Weise uns den geistigen Welten nähern wollen.

Das Leibesgeschehen erdet uns. Die Denkwelt schafft Bewusstsein und damit eine Freiheitsmöglichkeit. Und in der menschlichen Seele wird allmählich eine Selbstlosigkeit erwachsen können, wodurch immer mehr und immer stärker die Belange der Welt zum Tragen kommen können. Das menschliche Ich aber vermag es erst, diese drei Wege so miteinander zu verbinden, damit eine Ganzheit entsteht, die Erde, Himmel und die innere Welt des Menschen als Einheit und Zusammenklang erfahren lässt.

Entwicklungsschritte in der Geschichte von Erde und Mensch

Aus der Geisteswissenschaft sind uns die großen Erdverkörperungen bekannt, die als alter Saturn-, alter Sonnen-, alter Mond- und dem heutigen Erdzustand benannt sind. Näheres dazu findet sich in Rudolf Steiners Schrift: Die Geheimwissenschaft im Umriss. Hier sollen diese frühen Stufen der Erde nur erwähnt werden, weil spätere Zeiten auf diese aufbauen.

Wie im vorigen Kapitel schon kurz beschrieben, unterteilt sich die eigentliche Erdentwicklung selbst in eine frühere Marsepoche und von der Zeitenwende an in die Merkurzeit, wo es dann nicht mehr um Kampf und Eroberung, sondern um Dialog und Heilung gehen soll.

Unsere heutige Erde wiederholte zunächst die Zustände der früheren Erdverkörperungen als alter Saturn in der polarischen Erd-Epoche, dann die alte Sonnenverkörperung in der hyberboräischen Zeit und dem alten Mond in der lemurischen Zeit. Mit der lemurischen und der daran anschließenden atlantischen Zeit begann erst die eigentliche Erd-Entwicklung für die Menschheit. Zuvor war alles Vorbereitung bis eben zum sogenannten Sündenfall in der lemurischen Zeit, als das Menschenwesen sich auf der Erde inkarnierte. In der darauf folgenden atlantischen Zeit bekam die Menschheit ihren ersten keimhaften Ich-Einschlag, der aber von ahrimanischen Mächten tingiert wurde, so dass sich am Ende dieser Zeit die große Sintflut ereignen musste. Diese wurde vor allem durch einen egoistischen Gebrauch der magischen Kräfte einiger Atlantier hervorgerufen.

Die nachatlantische Zeit wiederholt wiederum die Entwicklungsstufen des alten Saturn sowie der polarischen Epoche in der urindischen Kultur, aber nun immer auf einer feineren und bewussteren Ebene. So auch die anderen Kulturepochen, die Sonnen-Erde und die hyberboräische Zeit in der urpersischen Kultur und die Monden-Erde in der lemurischen Zeit und im alten Ägypten und Chaldäa und deren Kultur. Kulturen greifen das Vergangene zurück und bauen darauf auf. Folglich prägt uns die vergangene Erdentwicklung bis in unsere Zeit, bis in unsere kulturellen und menschlichen Errungenschaften hinein.

Jedoch, bis zur lemurischen Zeit und dem Sündenfall lebte die Menschheit noch in einem Paradieseszustand. Die lemurische Epoche baut ja auf den alten Mond, also auf derjenigen Erdverkörperung auf, die das Astralische hervorbrachte. Die lemurische Zeit impulsierte wiederum die ägyptische Kulturperiode. Die atlantische Zeit impulsierte dann die griechisch-lateinische Kultur, so dass wir erst in unserer Neuzeit richtig Erdenbürger werden können, weil erst da nicht nur eine Fortsetzung von Früherem geschah, sondern in der Zeitenwende ein ganz neues Element hinzukam.

Zudem spiegeln sich die früheren Kulturperioden der nachaltlantischen Menschheitsentwicklung, also die urindische, die urpersische und die ägyptische Kultur im Mittelpunktsereignis der Erde zur Zeitenwende in die späteren Kulturen hinein, so dass alte Kulturimpulse in späteren Zeiten wiederum auftauchen können.

Zunächst ist es aber von Bedeutung, dass für die Menschheit im sogenannten Paradies noch eine gewisse Einheit vom Himmel mit der Erde bestand. Die Menschheit war damals noch stärker an den Kosmos angebunden. Geisteswissenschaftlich betrachtet bedeutet dies, dass die Sonnen-Paradieseskräfte und die Erde noch eine gewisse Einheit bildeten, so wie das noch bis in die hyberboräische Zeit unserer Erdentwicklung der Fall war. Einen ersten „Sündenfall", eine Teilung und Spaltung können wir in der Genesis beschrieben finden, als sich die Erde vom Himmel, von der Sonne trennte: „Und der Geist schwebte über den Wassern". Yin und Yang, Wasser und Feuer wurden voneinander geschieden. Dies ist ein kosmischer Entwicklungsimpuls, den die Menschheit nicht verschuldet hatte. Dieses kosmische Ereignis hatte seine Entsprechung in der hyberboräischen Zeit, als die Geschlechtertrennung im Menschen stattfand. Dies bedeutet und beinhaltet einen gottgewollten Schicksalsweg, der für die Menschheit vorbestimmt war.

Die Sonne trennte sich damals makrokosmisch gesehen von der

Erde. In der lemurischen Zeit trennte sich schließlich auch noch der Mond von der Erde. Daraufhin erfolgte erst der uns bekannte Sündenfall und die Vertreibung Adams und Evas aus dem Garten Eden beziehungsweise aus der Einheit mit der Weltenseele.

Die Sonne steht in analoger Weise für das Geistwesen, der Mond für die Seelenkräfte und die Erde für die Leibeskräfte. Die Trennung von Erde und Mond bedeutet geistig betrachtet, dass sich die Erdmutter und die Mondin, die Seelenmutter, voneinander trennten. Wir finden somit eine Spaltung des Weiblichen oder anders ausgedrückt, des Leiblich-Irdischen vom Seelisch-Traumhaften und Unterbewussten. In der Mythologie ist diese Spaltung in den Repräsentantinnen der Eva und der Lilith sichtbar geworden. Aus der ursprünglichen Einheit ging die kosmische Entwicklung eben immer mehr zu einer Vielfalt hin, so dass wir heute zumindest von der Dreiheit Körper, Seele und Geist sprechen können.

Die Erde repräsentiert kosmisch gesehen unseren Leib, das Leibliche. Der Mond bestimmt das unterbewusste Wachstum, das Seelenhafte und die Gestaltung der Leiblichkeit von Innen her. Die Sonne als Geistprinzip zeugt und fördert das vitale Leben mehr von Außen.

Somit hatte der Mensch des Sündenfalls zunächst keinen bewussten Zugriff mehr zu den Sonnen- und Mondenkräften in seinem Inneren. Die Menschheit nach dem Sündenfall wurde immer stärker in die Erdenwelt „geworfen", ohne in sich eine bewusste Einheit mit den Sonnen- und Mondenkräften mehr erleben zu können. Die Einheit mit der geistigen Welt wurde nach und nach aufgelöst, die Menschheit damit immer stärker sich selbst überlassen. Daraus resultierte am Beginn der Menschheitsentwicklung auf der Erde noch eine große Furcht vor den Kräften und den Elementen der Natur.

Alte Kulturen, wie zum Beispiel die vedischen und die urpersischen, suchten daher immer noch die Einheit mit den Sonnenwesen des Himmels. Man schaute zum Himmel auf - die Erde selbst war Maya, Schein.

In matriarchalen Kulturen wurde der innere Einfluss der Mondenkräfte auf das irdische Leben noch etwas wahrgenommen, gesucht und verehrt. Darin erlebte man noch eine gewisse Einheit und Geborgenheit. Die Erde selbst wurde mit ihren elementarischen Kräften jedoch als bestimmend und furchterregend erlebt, aber auch als nährend und tragend. Viele Feste und Ritualopfer alter Kulturen dienten der Besänftigung der Elementar- und Erdgottheiten.

Letztlich kann daraus ersichtlich werden, dass sich die große Muttergottheit durch die Kulturgeschichte hindurch immer weiter wandelte. Lilith, Eva, Isis, Artemis, Hekate, Kybele, Astarte, Kali, Gaia und viele weitere Bezeichnungen weisen darauf hin, dass nicht nur der nährende, wachstumsfördernde und gebährende Einfluss sich wandelte, sondern auch der dunkle Aspekt des Mondenhaften verehrt wurde und natürlich auch die weisheitsvolle Himmelsgöttin. In späteren Zeiten wurde mehr das schützende, pflegende und heilende Element der Erdmutter geehrt, wie dies noch heute im Marienkult zu sehen ist oder bei den Griechen in den Göttinnen Demeter und Artemis. Die Menschheit freundete sich eben immer mehr mit der Erde an, verlor dadurch zunehmend den Himmelsbezug und den inneren Seelenbezug zur Sonne, zum Mond und zu den Sternenwelten.

Durch das aufkommende Patriarchat kam eine erneute Ausrichtung auf das Sonnenprinzip, aber nun nicht mehr nur im Äußeren, sondern hin zu einer inneren Sonne, zum Individuellen und Einzigartigen im Menschen selbst. Leider wurden dadurch meistens die natürlichen und weiblichen Erdkräfte verdrängt, unterdrückt und ausgebeutet, so wie dies noch bis heute oftmals der Fall ist in den herrschenden gesellschaftlichen Zusammenhängen, die noch immer patriarchal geprägt sind.

Das Matriarchat zeigt urbildlich ein Mutter-Kind-(Sohn) Verhältnis und Prinzip: die Göttin und ihr Heros. Die Erde selbst war die große Göttin und noch im Einklang mit dem Monden-Seelenhaften, die beide zusammen die matriarchalen Kulturen prägten.

Der Mensch war damals noch mehr das „Kind" – also noch nicht zu einer Individualität herangereift, viel mehr ein Gattungs- und Gemeinschaftswesen, eben ein Teil des Ganzen. Im Patriarchat ist das Vater-Sohn Verhältnis dominierend - Gott-Vater und die Welt, im Menschen-Sohn oder: das All und die Sonne beziehungsweise der einzelne Mensch.

Beide Konstellationen wie auch das Matriarchat und das Partiarchat sind jedoch notwendig, sie haben ihre Berechtigung und sollen auch zu Ende gegangen und damit geheilt und erlöst werden können. Also sind auch das Patriarchat und das Matriarchat in ihrem archetypischen Sinn-Gehalt anzunehmen und in den heutigen zwischenmenschlichen Beziehungsformen zu integrieren, so wie dies in meiner Schrift: „Partnerschaften im Lichte eines spirituellen Christentums" herausgearbeitet wurde.

Im matriarchalen Weg erlebt die Frau ihre Pieta, das heißt, sie muss das Kind, den Menschensohn freigeben und loslassen können. Dies gleicht oftmals einem inneren Sterben. Auch die Erdmutter musste und muss ihre Kinder freilassen, bis dahin, dass diese sich gegen sie selbst erheben, eben wie in heutiger Zeit, wo viele technische Maßnahmen gegen unsere Mutter Erde agieren.

Der patriarchale Weg führt den Mann dahin, dass er sich verschenken lernen kann. Der Vater schenkt sich dem Sohn. Dies ist ein urchristliches Prinzip. Lernt er nicht, sich zu verschenken, wird er vom Sohn „getötet", so wie dies in manchen Mythen geschildert ist, zum Beispiel in der Geschichte des Ödipus.

Für uns heutige Menschen zeigt und bedeutet dies, dass sich die „patriarchale" Individualität, also auch das Sonnen-Ich, die innere Sonne, das Kern-Ich und „Ich bin", das sich selbst dem eigenen Seelischen zugeneigt hat und dieses in und mit Christus allmählich wandelnd, dass dieses Ich sich der Erde erneut zuzuwenden und sich zu verschenken hat. Das Höhere schenkt sich dem Niederen, das Starke hilft dem Schwachen, der Himmel neigt sich zur Erde. Das ist ein geistiges Gesetz.

Wenn wir unsere Zeit und Gesellschaft beobachten, so zeigt sich aber immer noch eine starke Fixierung auf die äußere Sonne. Bräune, Sonne und ein aktives, ichbetontes Leben sind die „Renner". Die Seen, die Meere, wie überhaupt die ganze die Erde, sie werden oftmals immer noch mit Müll und Unrat verschmutzt. Das ist ein negatives Patriarchat. Das „Obere" unterdrückt dabei das „Untere". Alles soll dabei nur für einen selbst, für das eigene

„Ego" gut sein. Kein Verschenken ist darin zu sehen. Der drohende Klimakollaps wird uns deshalb zu einem Umdenken zwingen, denn unser eigenes Überleben steht auf dem Spiel.

Das matriarchale Gemeinschafts- und Gattungsprinzip ist immer noch unterdrückt. Sogar die Tier- und Pflanzenwelten muss darunter leiden. Wird dieser negative „Patriarchenweg" weitergegangen, wird sich die Erdmutter in ihren dunklen Aspekt verwandeln müssen - und das geht bis zur Todesgöttin hin. Gewaltige Naturkatastrophen stehen uns dann bevor. Daher tut eine Anerkennung und Heilung der Erde und damit der weiblichen Seelenkräfte große Not.

Wir Menschen können und sollen lernen, einen neuen Gemeinschaftsbezug zur Erde mit all ihren Wesen zu finden. Der Mensch ist heute nicht mehr nur ein „Kind" zur Erdmutter, sondern er kann und darf sich als ein gleichberechtigter und erwachsener Partner empfinden lernen. Wir Menschen können heute die Erde zerstören; aber auch die Erde kann uns vernichten.

In einer gleichberechtigten, partnerschaftlichen Beziehung kommen der Himmel im Menschen, die Sonne beziehungsweise der erlöste Patriarch, also das freie, sich selbst bestimmende Ich, der menschliche Geist und die Erde, die angenommene und verehrte Matriarchin, entsprechend dann auch unsere Leiblichkeit zusammen. Ein archetypisches Urbild hierfür ist uns in der Begegnung der Maria mit dem Johannes unter dem Kreuz von Golgatha gegeben. Die Erdmutter und der von Christus eingeweihte Sohn. „Dies ist deine Mutter, dies ist dein Sohn". Der Sohn wendet sich der Erde, der Mutter zu; er verschenkt sich. Dadurch wird er selbst zu einem reifen und verantwortungsvollen Mann.

Somit braucht die Erde auch nicht mehr furchteinflößend sein, zum Beispiel in den Naturgewalten und ihre Opfer fordern, da das Menschen-Ich gelernt hat, sich freiwillig für die Erde, für die Natur, für ihre Geschöpfe und für das natürliche, gesunde Leben einzusetzen. Der Mond, das seelisch Mondenhafte, bildet hierfür die innere Verbindung. Isis, die Göttin des Unbewussten und dessen, was ins Schattendasein verdrängt wurde, sie beherrscht und integriert die dunklen Aspekte des Seelischen und möchte diese seelischen Abgrund-Kräfte ins Bewusstsein, zur Sonne, zu Osiris emporheben. Gerade heute können viele unbewusste Seelenkräfte, meist resultierend aus alten Familienkonstellationen oder schicksalhaften und traumatischen Begebenheiten durch geeignete psychologische Therapien erlöst werden.

Isis führt in diese dunklen und schattenhaften Seelenwelten hinein. Haben wir diese angenommen und integriert, wachsen wir zu einer Ganzheit hin. In diesem ganzheitlichen Erleben unseres Menschseins werden wir es auch nicht mehr nötig haben, andere zu unterdrücken oder auszubeuten.

Moralische Kräfte aus den Sternenwelten können erst das unterbewusste und abgründige Seelenleben läutern und veredeln. Allein das Dunkle zu sehen, reicht noch nicht aus. Wir müssen unsere Aufmerksamkeit und damit unsere Energie auf die positiven Geistes-Kräfte hinlenken. Dadurch kann eine Wandlung eintreten. Verkündigung: Erleben und Erkennen des Dunklen in uns. Opferung: Loslassen alter Muster und Einstellungen. Wandlung: hin zu neuen und selbstbestimmten Einsichten und Verhaltensweisen. Kommunion: Verbinden mit dem Neuen, das uns im Geiste erscheinen will. Ist die Seele offen und zum Geiste hingeneigt, kann die Sternenwelt in uns Wohnung nehmen. Das ist christliche Kultur.

Daher gilt es in einer Therapie, nicht nur Altes, Unvollkommenes aufzuarbeiten und mit Bewusstsein zu durchdringen, sondern auch noch, neue Impulse und Werte für die Zukunft zu finden. Das Alte, auch Verletzungen und Wunden, dürfen wir annehmen, verzeihen, vergeben, loslassen und vergessen. Neues will erstehen. Dazu braucht es einen seelischen Raum, eine Offenheit, ein Vertrauen in die Zukunft, einen Glauben und eine Liebe für die Welt.

Dann können die Kräfte des Irdischen, des Seelischen und des Geistigen im Menschen zusammenfinden. Maria, die „Erde", Isis, der „Mond" und Sophia, die „Sterne", sie werden wieder eins. Die innere Sonne, der Christus zeigt den Weg zu dieser Einheit - in Freiheit, mit der Kraft der Liebe, in einer ichhaften, individuellen Entwicklung, die das Eigenwohl und das Wohl des Ganzen zum Ziele hat.

Zeitphänomene

Der Beginn des 21. Jahrhunderts ist von solch einer Brisanz, Dichte und Wichtigkeit für die weitere Weltentwicklung, das lässt sich schon nach einigen Jahren im neuen Jahrtausend eindeutig feststellen. Der Menschheit werden heute und zukünftig immer stärker die Auswirkungen ihres Handelns und Unterlassens klar und deutlich aufgezeigt.

Gerade der Umgang mit der Tierwelt, mit den Nahrungsmitteln, mit den natürlichen Ressourcen und überhaupt mit der gesamten Natur wird zu einem zentralen Thema werden, ob wir das wollen oder nicht. Da gilt es, endlich wacher zu werden und neue Handlungsweisen anzunehmen. Doch selbst viele wache und beherzte Zeitgenossen tragen bewusst oder unterbewusst ein recht destruktives Bild von der Zukunft der Menschheit und der Erde in sich.

Wer heute schon ein gewisses Umweltbewusstsein entwickelt hat, kann bei den vielen ökologischen und sozialen Krisen, den menschenverachtenden Kriegen, den Hungersnöten und den Flüchtlingsströmen, den Plünderungen der natürlichen Ressourcen, den Müllbergen und den gewaltigen technologischen Attacken auf die Gesundheit und die Lebenskräfte verständlicherweise sehr leicht verzweifeln. Andere Zeitgenossen, denen das eigene Wohl über allem steht, verdrängen meist oder meinen zynischerweise, dann noch wenigstens mit „Saus und Braus" in den Abgrund „gondeln" zu können.

Die Erde wird sich gegen unser Fehlverhalten wehren, das ist schon seit längerem in den drohenden Naturgewalten zu erleben, bis wir umdenken und eine neue Beziehungsqualität zu ihr entwickeln. Denn in dieser ganzen Problematik zeigt sich letztlich ein Werteproblem, das zuerst auf kulturell-geistigem Gebiet gelöst werden muss, also ist dies eine Bewusstseins- und damit eine Erkenntnisfrage.

Unser Heimatplanet, die Erde, die alles Leben erhält und uns alle ernähren will und auch kann, hat noch sehr viel Kraft. Die Erde hat zwar ihren Zenit überschritten und befindet sich, ähnlich wie beim Menschen nach der Lebensmitte, auf einem absterbenden Pfad. Doch selbst die Naturwissenschaft errechnete für sie noch eine Lebensdauer von 4 bis 20 Milliarden Jahre. Aus den Angaben der Geisteswissenschaft kann zudem ersichtlich werden, dass das Wesen Erde noch eine große und weite Zukunft in der kosmischen Entwicklung vor sich hat.

Durch den einwohnenden Christusgeist in der feinstofflichen Erd-Aura wird die Erde mit Sonnenkraft gespeist, bis sie dereinst selbst zu einer Sonne heranreifen wird. Ein neuer Stern wird aus ihr in fernen Äonen entstehen, so wie dies urbildlich in der Apokalypse im Bild des sogenannten Neuen Jerusalem beschrieben ist. Der geistige Kosmos führt und bringt die Erde weiter, durchdringt sie von innen her, so dass sie selbst immer transparenter wird für die geistigen Kräfte.

Wandelt sich die Erde, so kann sich auch die Menschheit wandeln, wenn wir dazu bereit sind. Deshalb ist es heute so wichtig, an den Belangen und Problemen der Erde zu erwachen. Es geht letztlich um ein Erwachsenwerden der Menschheit. Und dies ist eine Ich-Problematik. Daher ist es eine kulturelle Aufgabe, auch im Menschen die geistige Sonnenkraft, das „Ich bin" zu stärken. Dabei ist das „Ego" beziehungsweise der selbstsüchtige Eigenwille zu läutern und zu überwinden.

Ein echter Erdschutz und eine neue Erdverbundenheit geschieht zunächst einmal in einem innerseelischen Bewusstseinsprozess. Der Mensch hat heute durch schädigende Techniken und durch sein Freizeit-, Vergnügungs- und Konsumverhalten so viele untersinnliche Kräfte und Wesen freigesetzt, die er erst einmal handhaben lernen muss. Denn die Geister, die wir riefen, ja, wie werden wir sie wohl wieder los?

Sicherlich ist dafür zuvorderst ein Erkenntnisringen notwendig, wie auch ein Standhaltenkönnen gegenüber den vielen Verlockungen, auch seitens mancher persönlicher und materieller Vorteile. Doch das alleine genügt noch nicht. Ein Ankämpfen oder gar ein Verteufeln dieser negativen Errungenschaften nützt nicht viel, auch nicht, wenn wir nur auf das „Böse" hinstarren und es moralisch verurteilen. Es geht nämlich um echte Alternativen und um diese bewerkstelligen zu können, ist meines Erachtens eher ein kreativer und künstlerischer Umgang gefordert, selbst mit den untersinnlichen Kräften, die uns im Endeffekt auffordern, ein freies, urteilsfähiges und mündiges Ich zu entwickeln.

Somit ist die engagierte und mitfühlende Hinwendung zur Erde eine Möglichkeit, wodurch wir eine Verantwortung für die Naturwesen, für alternative und sanfte Techniken, für die biologische Landwirtschaft und für bestimmte Erdheilungen anwenden können. Aber auch ein soziales Verhalten zwischen den Menschen und den Völkern, wie überhaupt der gesamte kulturelle Austausch und die kulturellen Aktivitäten, haben gesundende Auswirkungen auf das Erdgeschehen. Durch den Menschen kommt eben auch Geistiges in das Erdensein hinein. Dadurch geschieht allmählich eine Verbindung von himmlischem und irdischen Kräften und Wesen.

Das freie Ich vermag es, in die eigenen Abgründe unterzutauchen, diese anzunehmen und segnen zu lernen, um damit Bewusstes und Unbewusstes, Bekanntes und Verdrängtes und somit das Licht und den Schatten zusammenzubringen. Dann erst kann der Einzelne einen gesundenden Einfluss auf das menschliche Gemeinschaftsleben ausüben. Werden dagegen nur hohe Ziele proklamiert und es wird gemeint, man könnte diese in guter Absicht der Welt „überstülpen" beziehungsweise damit die Welt so verändern, wie man sie eben gerne hätte, wird jeder, der diese Absicht verfolgt, so wie die Geschichte es immer wieder zeigt, zukünftig vor ähnlichen oder noch schwierigeren Problemen stehen müssen. Denn die Menschheit ist heute an einem Punkt angelangt, wo sie nicht mehr in gesunder Weise an ihren Schattenanteilen vorbeikommt, außer man integriert und wandelt sie. Da gilt es dann auch viele Tabus, Muster und alte Rollen zu „sprengen". Wirklich den Bodensatz der eigenen Seele auszuloten, erfordert viel Mut, eine dionysische Sprengkraft und eine wache und willensstarke Bewusstheit und viel Liebe. Alles gilt es in der Seele anzunehmen, auch alte Wunden, Verletzungen, Begierden und Abgründe. Alles gilt es zu lieben und zu segnen. Auch die Habgier, die Machtsucht und die Leidenschaften dürfen angenommen sein und brauchen daher nicht mehr unterdrückt oder verdrängt werden. Wir sollen und können sie so handhaben, dass sie innerseelisch, in unserem Bewusstsein, immer mehr mit Liebe und geistigem Licht betrachtet werden. Dann sind sie erst richtig angenommen.

Werden solche Kräfte dagegen moralisiert oder negativ betrachtet und bewertet, so können sie ihre Wirkung im Seelischen erst richtig entfalten. Denn die Antipathien und negativen Seelenhaltungen ziehen das Dunkle, Abgründige und Negative an. Dadurch werden wir erst recht zu Gefangenen in der eigenen Seele.

Andererseits ist natürlich ein hemmungsloses Ausagieren ebenfalls nicht ratsam, da wir damit bestimmte geistige Wesen, vor allem auch verstorbene Seelen anziehen, die sich an unseren Eigensinn und an die sinnlichen Begehrungen anheften und mitgenießen wollen. Ein bewusstes Betrachten der tiefen Seelenkräfte ist daher eine Grundvorraussetzung, wenn man diese befreien will. Was will noch erfahren und gelebt werden, das in den Seelengründen schlummert? Vielleicht auch aus sehr alten Zeiten der Menschheitsentwicklung?

Bestimmte Aufgaben und Hindernisse begegnen uns immer wieder, bis wir sie endlich gelöst haben. So ist als Beispiel heutzutage der Umgang mit unserem wissenschaftlichen und technischen Wissen eine große Herausforderung. Denn da zeigen sich ähnliche Probleme wie beim Untergang des atlantischen Kontinents, als damalige Menschen ihre magischen Fähigkeiten eigensüchtig missbrauchten. Heute sind es gewisse Denkleistungen, die zum „Unguten" verführt werden. Daher sollten wir nicht jeden technischen „Fortschritt und Unsinn" mitmachen. Vor allem wäre darauf zu achten, wohin wir unser Geld und damit unsere Energie hintragen. Denn darüber haben wir sehr viel Gestaltungspotential für eine gute und menschliche Zukunft.

Der Mensch kann zum Heiler für die Erde werden. Eine spirituelle Verbindung mit dem Erdwesen ist zu suchen. Durch Gebete, Andachten und Meditationen ist eine Kommunikation und ein Austausch seelisch-geistiger Kräfte möglich. Die Sonne ist unsere Mitte, die Herzens-Liebe-Sonne vermag es, mit dem Geist der Erde zusammen zu stimmen.

Sophia, die kosmische Weisheit, will uns von oben, aus den Sternenwelten inspirieren und befruchten. Isis, die Göttin der Seele, will uns durch das Unbewusste und Abgründige hindurchführen. Unsere Leidenschaften, Begierden, Wünsche und Neigungen möchten angenommen und verwandelt werden. Sie sollen uns nicht beherrschen. Ein Läuterungsweg der Seele ist eine Bedingung dafür, dass die „dunkle" Seele in verwandelter Weise, durch die Isis in uns, unsere Geistimpulse beziehungsweise das Geisteskind tragen und halten kann. Diese Seite entspricht im Bilde der kosmischen Frau in der Apokalypse dem Mond unter ihren Füßen. Isis führt schließlich zu Osiris. Vom Schwarz des Abgründigen zu einem Blau des Dienens geht der spirituelle Weg der sich läuternden Seele in den entsprechenden Farben.

Sodann kann der innere Sonnenimpuls, das Gewissen und unser Wesenskern, uns von Innen her weiterbringen. Lichte Sternenkräfte beziehungsweise die moralische Tugenden und Werte daraus, werden unsere Seele als Kräftewirksamkeiten von Innen her impulsieren und verwandeln können.

Eine weitere Notwendigkeit für das neue Jahrtausend wird vor allem sein, die Beziehung vom Subjekt, vom Ich zum Objekt, zur Welt in ein neues Verhältnis bringen zu wollen. Allgemein kann hier gesagt werden, dass wir weg von einem Gegensatz-Denken kommen müssen. Polaritäten müssen eben nicht als Gegensätze angeschaut werden, denn sie können sich ergänzen und im Sinne Goethes auch steigern. Ein drittes Prinzip kann sich daraus heranbilden, das die Gegensätze in sich angenommen und zu etwas Neuem integriert hat.

In unserer heutigen Gesellschaft hat man es vordergründig mit den sogenannten Traditionalisten, den Konservativen und den Modernisten zu tun. Das sind zunächst unvereinbare Gegensätze. Diese Gesellschaftskräfte drücken sich dann auch in den jeweiligen politischen Lagern aus. Ein drittes Element ist aber auch schon vorhanden. Diese Gruppierung wird neuerdings als die der Kulturkreativen bezeichnet. Dazu gehören Menschen, die auf traditionelle Werte bauen, seien sie spiritueller oder kultureller Natur, die aber immer auch noch für neue Impulse offen sind. Man findet sich daher nicht mehr zu einem bestimmten Lager zugehörig, denn das individuelle Erkennen und Streben ist entscheidend geworden. Auch wird kein Gegensatz mehr zwischen Mensch und Erde gesehen. Der kreative und selbstbestimmte Mensch fühlt sich als Vermittler, als Mercurius zwischen der Erde und dem Kosmos. Ein ergänzendes und vermittelndes Prinzip will vermehrt zum Tragen kommen. Dieses Prinzip kann die bewahrende und die fortschrittliche Haltung in sich versöhnen und integrieren. Das ist Zukunftswille.

Der kreative Mensch will dabei nicht nur eine starke Individualisierung forcieren, die nur noch zu einer größeren Zersplitterung des Ganzen, wie zum Beispiel im Single-Dasein, führen müsste. Er will aber auch nicht zu einem Gemeinschaftsprinzip dazugehören, wo dann Interessenverbände, wie zum Beispiel die aus wirtschaftlichen Vereinigungen, das Dasein bestimmen, denn diese können ja bis zu autoritären und mafiösen Vereinigungen hinreichen, weil da immer von „Oben" herab bestimmt wird, was letztlich geschehen soll. Neue, zukünftige Gemeinschaftsformen sollten so gestaltet sein, dass sich der Einzelne darin frei bewegen kann. Kein Gruppenzwang darf mehr walten, sei es in der Familie, im Staat, in der Kunst, in der Wissenschaft oder in der Religion.

Die Interessen und die Fähigkeiten der Einzelnen sollen zählen, denn diese gestalten auch die zukünftigen Formen eines gemeinschaftlichen Zusammenlebens. Die Gemeinschaft als Ganzes sorgt wiederum dafür, dass sich die Einzelnen nach ihren Fähigkeiten entfalten lernen können. So entsteht eine freiwillige Abhängigkeit einzelner Individuen zum Ganzen hin. Dieses Prinzip kann dann alle Bereiche des Lebens durchziehen. Und wie nannte Goethe diese Fähigkeit: „Freiwillige Abhängigkeit ist der schönste Zustand im Leben und wie wäre der möglich ohne die Liebe?" Gar nicht.

Denn die Liebe zu sich selbst, zum Mitmenschen, zur Erde und zur Gemeinschaft mit allem und allen, verbindet uns im Innersten, hält zusammen und baut die Brücken über die vielen Gegensätze, die in der Welt nun einmal zu überbrücken sind.

Gegensätze und Probleme sind dazu da, dass man sie lösen lernt.

Daran wachsen wir. Nicht aber, in dem wir vor ihnen fliehen, vielleicht in eine „bessere" Welt, in der es nur noch Frieden und ein endloses Glück geben soll.

Das Glück, so wird manchmal gesagt, kann nicht im Wissen gefunden werden. Wir müssen es erleben – einfach, in dem wir da sind, durch Achtsamkeit und Präsenz. Vielleicht mag das ja auch so gelingen, zumindest für eine gewisse Zeit. Auch für sich selbst das persönliche Glück, die Befreiung von allem Schweren und Leidenden zu wollen, vielleicht durch eine Abwendung vom allzu Irdischen oder durch eine vollkommene spirituelle Hingabe, also einer Suche nach der Einheit, aus der alles hervorgegangen ist, bedeutet letztlich aber immer noch eine gewisse Einseitigkeit. Denn dabei meint man, man könnte die Dualität, die Spaltung und Trennung von Geist und Leib, von Himmel und Erde überwinden, in dem man nur noch den Himmel, den Geist beziehungsweise die Einheit sucht. Doch diese Einheit ist noch keine Ganzheit.

Eine fruchtbare Überwindung, eine Ergänzung und eine Erhöhung der Polaritäten ist erst möglich, wenn sich daraus ein drittes, ein verbindendes Element herausbilden kann. Das trintarische Prinzip, so wie dieses den ganzen Kosmos durchzieht, vermag es erst, die Einheit in der Dreiheit und die Dreiheit in der Einheit zu ergründen. Doch dieser Weg ist nicht mit einer Abkehr, mit einem Weglassen zu bewältigen, sondern gerade in der Annahme und in der Veredelung von allem, was uns im Leben begegnen kann. Eine Ganzheit wird somit angestrebt, in der alle Teile, auch die unvollkommenen, ihren berechtigten Platz erhalten können.

Um die Polarität in eine Dreiheit erweitern zu können, gibt es verschiedene Möglichkeiten, so wie ich diese in früheren Schriften genauer ausgeführt habe. Hier sei nur erwähnt, dass dies auf dem Weg der Vermischung, des Kompromisses und schließlich in einer Synthese geschehen kann, die dann eine höhere Ebene finden muss, auf der beide Pole gleichwertig sein können, aber durch ein Höheres miteinander verbunden sind. Als Beispiel dafür wähle ich gerne die Polarität von Mann und Frau. Auf der leiblichen Ebene, zum Beispiel in der Zusammenkunft von Ei- und Samenzelle entsteht durch die Vermischung und Auflösung der gegensätzlichen

Pole erst ein Drittes. Auf seelischem Gebiet müssen die Partner mit ihren unterschiedlichen Anima- und Animus-Archetypen immer wieder Kompromisse miteinander eingehen, wenn ein gleichberechtigtes Zusammenleben gelingen soll. Und auf geistigem Gebiet darf endlich eine höhere Ebene, also eine Synthese gefunden werden, wo dann der Mensch, das Menschliche über den Polen von Mann und Frau steht und diese erst wirklich miteinander verbinden kann. So gilt es im Partner auch immer noch sein Höheres, den Menschen in Mann und Frau sehen und annehmen zu lernen. Aber das ist ja immer auch mit einer zwischenmenschlichen Arbeit verbunden.

So denke ich, wenn wir eine Aufgabe, ein Problem gelöst und wenn wir damit ein sinnvolles Ziel erreicht haben, vielleicht auch erst durch große Mühen und harte Arbeit erworben, entsteht nämlich erst eine wirkliche und echte Zufriedenheit und dann auch ein Glück.

Natürlich gibt es auch das kurze Glück, hervorgerufen durch äußere Dinge und Ereignisse. Ein Lebensglück und eine Erfüllung ist es jedoch, wenn wir uns auf dem rechten Wege wissen, auch wenn dieser manchmal steinig und hart sein mag. Denn wir wissen dann, wofür und wozu wir etwas tun und das macht Sinn, das schenkt eine innere Zufriedenheit und macht manchmal auch glücklich.

Vor der Auferstehung steht im Christlichen das Erkennen, die Läuterung und die seelische Reinigung beziehungsweise die Gesundung und Erlösung des Falschen und Unguten, bis hin zur Annahme des Kranken und Leidvollen aus der Welt, das wie ein Kreuz auf unseren Schultern liegt. Tod und Auferstehung sind eben auch zwei Pole, die wir erst zusammenbringen müssen, um zu einer wirklichen Ganzheit hingelangen zu können.

Das Leid meiden zu wollen, um im Glück aufgehen zu können, führt letztendlich zu noch größerem Leid, vielleicht nicht sofort und für einen selbst, jedoch, das Ganze, von dem jeder Einzelne eben ein Teil ist, muss dann dieses geflohene Leid umso mehr tragen. Dies sollten wir doch bedenken.

Die Zukunft der Erde

Die Menschheit und die Erde, scheinbar ist das ein Widerspruch, wenn man nur einmal den ökologischen und klimatischen Kollaps anführt, der uns noch bevorstehen kann beziehungsweise der viele Gegenden der Erde auch schon heimgesucht hat.

Durch die gesamte Menschheitsgeschichte zieht eine Art Weltanschauung, die die Erde mehr oder weniger verneint. In östlichen Religionen ist die Erde Maya, Schein. Und selbst im Mittelalter war in der christlichen Kultur das Irdische und da vor allem das sinnliche Leben für die frommen Menschen verpönt. Allein das Geistige und dessen Ideale und Gesetze sollten das Ziel und den Lebensinhalt ausmachen. Heute haben wir ein gegenteiliges Extrem, bei dem im Materialismus allein das Irdische zählen soll.

Ja, die Erde wurde in früheren Zeiten oftmals noch als dunkel und vereinnahmend erlebt. Selbst bei den alten Ägyptern war sie symbolhaft als ein Sarg beschrieben. Jedoch im Sarg vollzog sich auch der sogenannte Tempelschlaf, das heißt, ein Erwachen für die geistigen Welten.

Die Erde ist das Grab; so ist dies im Christentum angedeutet. Der lebendige Geist stirbt in die Erde hinein. Christus legte sich freiwillig und ohne eigene Schuld in das Erdengrab hinein. Daraus erfolgte die Auferstehung eines neuen Menschenleibes. In einem erweiterten Sinne ist dadurch der Keim für die Auferstehung der Erde selbst hineingelegt worden. Somit wird es in Zukunft immer wichtiger, welche Beziehung wir Menschen zur Erde einnehmen werden. Keine Verneinung des Irdischen, aber auch keine Erdensucht wäre anzuraten, denn es geht schlichtweg darum, dass wir eine ganz individuelle Beziehung zur Erde finden.

Ja, die Erde darf und soll immer mehr zu unserem Heimatplaneten auserkoren werden. Zu Hause sein, aber nicht in einem egoistisch-materialistischen Sinne, streng nach dem Motto: „Machet euch die Erde untertan", was praktisch leider meistens so gehandhabt ist, dass die Erde ausgebeutet wird, sondern viel mehr dadurch, dass wir die Schönheit und die Weisheit der Erde schätzen lernen.

Eine neue Erde kann erstehen, wenn wir Menschen mit der Hilfe des Christus die Erde umschaffen lernen. Am Beispiel der Natur möchte ich dies verdeutlichen.

Überlässt man die Natur sich selbst, so werden sich mit der Zeit bestimmte Pflanzenarten durchsetzen, auf Kosten der Artenvielfalt. Eine kultivierte und gepflegte Natur bringt eine größere Artenvielfalt und mehr Arten-Reichtum hervor, zumindest in den gemäßigten Breitengraden. Wir Menschen können durchaus in einem guten und gesunden Sinne für die Erde wirken.

In diesem Zusammenhang finden wir auch den Ort für eine geistige Berufung. Diese kommt nicht mehr allein vom „Himmel" oder aus einem karmischen Ausgleich hervor. Die Erde selbst spendet und führt uns an den Ort, an dem wir uns zuinnerst aufgehoben und inspiriert fühlen dürfen. Jeder wirkt dann an „seinem Ort" zum Wohle des Ganzen. So wächst die Menschheit und die Erde allmählich immer mehr zusammen.

In der Kultur- und Geistesgeschichte finden sich viele Namen und Attribute für die nährende und erhaltende Erdenmutter. Eva, Artemis, Nut, Kybele, Demeter, Diana, Gaia, wie auch Astarte, Isis, Ishtar, Inanna und Kali und noch viele weitere Namen für die Göttinnen der Erde, zeugen von der Vielfalt, Größe und Mächtigkeit, die die Erde in früheren Zeiten innehatte. Die Erdmutter versorgte und ernährte alles Leben. Sie war Trägerin der Fruchtbarkeit, der Fülle, der Weisheit und der Macht. Diese Macht und Fülle schenkte sie im Laufe der Entwicklung ihren Geschöpfen, den Menschenkindern, bis nur noch ein demütiges und reines Wesen, das die Erdkraft offenbarte, übrig blieb. In diesem Zustand, der in der biblischen Maria offenbar wurde, gebar sie das Himmelskind. Die Erde nahm den Christusgeist in sich auf. Eine kosmische Befruchtung erfolgte, deren reife Frucht dereinst eine neue Erde sein wird.

Schon heute ist eine erneuernde Aura um die Erde von sensitiven Menschen wahrzunehmen. Die Christussphäre in der Erdaura wird langsam immer stärker und damit sichtbarer werden, wenn wir feinfühlig für die ätherischen Kräfte werden. Eine neue Sonne, ein neuer Stern wird in späteren Zeiten einmal unsere Erde werden.

Das ist unsere neue, unsere zukünftige Heimat. Nicht mehr der alte Götterhimmel, aus dem wir urständen, kann somit unser weiteres Ziel sein. Unsere Zukunft ist der neue Himmel, ist das Neue Jerusalem beziehungsweise die verwandelte Erde, die sich mit den Sonnenkräften des Christus durchtränkt hat. Diese neue Erde bedeutet letztlich eine Wandlung und Transzendierung des gesamten Kosmos. Materie und Geist bilden im sogenannten Jupiterzustand der Erde eine neue Einheit. „Siehe, ich mache alles neu".

In der neuen Sonnenerde wird die Heilige Hochzeit von Himmel und Erde vollzogen sein. Der Logos, das schöpferische Wort, der Christus als der Sonnengeist und die Erdmutter, die Gottesmutter und die Himmelskönigin werden sich in dieser zukünftigen Sonnenerde vereinigt haben.

Sicher ist das ein weiter Weg und noch fern von unserer Zeit. Doch für uns Menschen kann dieses Ereignis keimhaft schon heute im christlichen Jahreslauf nachvollzogen werden. Vom Geist in der Erde an Weihnachten zum Geist im Kosmos an Johanni und wieder zur Erde zurück, wird so allmählich eine Vermählung der Himmelswelten mit den Erdenkräften erreicht.

Aber auch in der menschlichen Seele selbst kann diese Unio Conjunctionis, die Vereinigung von himmlisch Geistigem und naturhaft Irdischem zumindest anfänglich bewusst gemacht werden. Dazu müssen wir Menschen den Himmel in uns bewahren und die Erde, das Wesen beziehungsweise den Geist der Erde suchen.

Dieses Suchen geschieht vor allem in der Seele, im weiblichen Teil unseres Selbst, nämlich durch das Mondenprinzip. Die Seele sucht und empfängt den Geist. Die Himmelswelten beziehungsweise die Sternenkräfte des Tierkreises, sie tragen ihre Qualitäten und Tugenden in unsere Seele hinein, wenn diese offen und empfangsbereit ist. Christus, die geistige Sonne, vermittelt. Die Sonne, der Mond, die Erde und die Sternenwelten, sie sind auch in uns – eine Ganzheit will und kann im Menschen erstehen. Bejahen und leben wir die Planeten- und Sternenkräfte in uns, so wie sie der Kosmos uns heute zur Verfügung stellt, so verbinden wir uns selbst immer mehr mit dem All. Geistige Wesen können folglich in uns einwirken und unser Leben begleiten.

Die Erdmutter ist durch Christus mit der Himmelsmutter verbunden. Maria, die Erdmutter und Sophia, die Sternenkönigin bilden zukünftig immer mehr eine Einheit. Doch darf dabei die dunkle Weiblichkeit nicht vergessen werden. Lilith, der dunkle Mond, die geschmähte und verachtete Weiblichkeit gehört zu einer Ganzheit mit dazu. Erst in deren Annahme kann eine allmähliche Heilung geschehen. Kein Zurückweisen, wie es noch Sarastro in der Zauberflöte oder Johannes der Täufer gegenüber der Salome vollzog, führt heute wirklich weiter.

Das Dunkle ist in der eigenen Seele zu sehen, anzunehmen und zu integrieren. Dabei wird viel Egozentrik und ein Machtwille offenbar. Sie sollen einem Höheren hingegeben werden. Ein Überwinden des Dunklen und des Abgründigen ist letztendlich aber nur durch die Liebe möglich. Damit wird das dunkle und abgründige Lilith-Kundry Prinzip in die Zukunft hinein und dies mit einer fortschreitenden Läuterung, allmählich zu einer Führerin und Trägerin des heiligen Gral. Die mächtige und damit auch die dunkle Seite der Erde, zum Beispiel in der Göttin Kali, sie ist die indische Todesgöttin, wird uns Menschen auch über die Naturgewalten zügeln und zur Besinnung bringen. Sie wird leider immer mehr benötigt, wenn wir weiterhin gegen die nährende Erdmutter arbeiten. Als Isis führt sie selbst zur Einweihung. Ihr Weg geht aber auch durch das „Tal". Isis führt zu Osiris, dem Sonnenhaften, wie auch zu Seth, dem dunklen Bruder und bildet in der Vereinigung von Licht und Schatten das neue Horus-Prinzip heran, worin diese Polaritäten und Gegensätze vereinigt und erhöht sind. In der schwarzen Madonna ist auch im Christlichen dieser Aspekt der weiblichen Gottheit gewürdigt.

Lilith führt letztendlich auch zu Christus, in der Maria Magdalena wird der Weg aufgezeigt: von der „Hure" zur Jüngerin und Büßerin. Auch Kundry führt zum Gral, wenn sie bereit zum Dienen wird. Im Gral erscheint die Taube. Sie ist ein Symbol der göttlichen Sophia. Im Kelch, als dem Bild für die Seele und für das Mondenprinzip, ist das Blut des Christus am Kreuz von Golgatha aufgefangen worden. Der Leib wie auch die Erde trägt. Sie sind symbolisch gesehen der Altar, auf dem der Kelch, auf dem die geläuterte Seele stehen und ruhen kann. Die göttliche Liebe ist im Blut des Christus eine irdische Wirklichkeit geworden. Die himmlische Weisheit erscheint im Gralsgeschehen über dem Kelch im Bild der Taube.

Die Erde beziehungsweise das Leben der Erde und die sonnenhafte Liebe im Seelenblut, wie auch die Weisheit, das göttliche Licht aus den Sternenwelten, sie wollen in der offenen und geläuterten Seele des Menschen eine Wohnung finden. Das ist der neue Gral in der Menschheit: göttliches Leben, Liebe und Licht – oder: die Erde, also der Leib, die Sonne, das Ich bin, der Mond, die Seele und die Sterne, der göttliche Geist, sie sind im Menschen vereint.

Das Leben heiligen in der Natur, die Liebe im Menschenherzen und das göttliche Licht in der reinen Seele empfangen und diese zu den Mitmenschen, zu den Völkern und zur Erde zu bringen, wenn auch nur im Kleinen, im perönlichen Bereich, darauf kommt es schließlich an. Das Feuer der Liebe, das Licht der Weisheit und das göttliche Leben, sie erschaffen die neue, die zukünftige Erde. Darin haben wir alle eine Zukunft: im sogenannten Neuen Jerusalem, unserer neuen Erde, unserer zukünftigen Sonne und unserem leuchtenden Stern, der uns auch heute schon den Weg dorthin erleuchten kann. Denn wir dürfen, zusammen mit Christus, an dieser neuen Erde mitarbeiten. Das, was wir in seinem Geist auf der Erde vollbringen, wird als ein Keim in ferner Zukunft einmal aufgehen. Auch wenn unsere Taten heute noch sehr unscheinbar und ohnmächtig erscheinen, dies im Vergleich zu aller Zerströrungsdynamik, die sich immer weiter ausbreiten will, die geistigen Mächte und Wesen sammeln unsere Impulse und Absichten und wenn die Zeit dafür reif geworden ist, werden sie an entsprechender Stelle umgesetzt werden. Nichts, was wir in guter Absicht vollbringen, ist also umsonst. Darauf dürfen wir vertrauen und hoffen. Ohne geistigen Beistand vermögen wir nicht viel. Jedoch, viele kleine Impulse und solidarische Bewegungen werden, wenn sie im Geistigen gesammelt und gebündelt werden, zu einer großen Kraft, die die Welt verändern kann.

Die Muttergottheit im christlichen Jahreslauf

Aus matriarchalen Kulturen sind noch einige Feste und Bräuche überliefert, die die Fruchtbarkeit und die Fülle in der Natur gepriesen und verehrt hatten. Die weibliche Gottheit war dabei das Zentrum, von dem alles Leben ausging und dahinein es auch wieder zurückfloss. Dem heutigen, „modernen" Menschen wäre solch eine verehrende Seelenhaltung und Hingabe an eine ominöse Natur-Gottheit ziemlich grotesk. Das Verhältnis zu einer Muttergottheit, zum Archetypen der kosmischen Mutter ist heutzutage mehr oder weniger verschollen und verschüttet. Nur die katholische Kirche hat in unserem Kulturkreis noch einen Rest an Verständnis bewahren können in ihrer Anbetung an die Gottesmutter Maria und sie hat mit den zugehörigen Festen noch eine Geistnähe zur weiblichen Gottheit, wenn diese auch mehr auf der Gefühlsebene und nicht so sehr im Erkenntnisbereich stattfindet.

Ich will hier nun einen Versuch der Annäherung an den Werdegang des kosmisch Weiblichen im Jahreslauf wagen. Dabei sind die einzelnen Stationen durch den christlich-katholischen Jahreslauf vorgegeben. Bei genauerer Betrachtung dieser Etappen wird eine Gesetzmäßigkeit sichtbar, die über die Marienverehrung der Kirche hinausweist und einen kosmischen Archetypus offenbart. Ich beginne mit dem ersten Festtag im kalendarischen Jahr, obwohl der kosmische Ursprung des Weiblichen an einem anderen „Ort" liegt.

Am 2. Februar im Jahr ist Maria Lichtmeß. Es ist die Zeit, in der das Jungfräuliche, das Mädchenhafte und Reine verehrt werden kann. Dieses stammt noch aus der Weihnachtszeit, in der die reine Seele sich dem Geiste zuwenden will. Archetypisch betrachtet ist dies die Zeit der Verehrung des kosmischen Lichtprinzips in der symbolischen Farbe Weiß.

Ab Maria Lichtmeß beginnt eine Wandlung. In der Natur steigen in den Ästen die Säfte und das erste Wachsen beginnt nach der Winterstarre. So kann Maria Lichtmeß auch als Übergang von einem reinen Seelenhaften zu einem lebensvollen Natürlichen verstanden werden. In analoger Weise folgt auf den Neumond des Neubeginns, die Zeit des zunehmenden Mondes. So lebt sich denn auch in katholischen Gegenden das natürlich pulsende und aufkeimende Seelenleben in der Faschingszeit aus.

Am 25. März feiert die katholische Kirche Maria Verkündigung. Ein Engel erschien Maria und verkündete ihr die Geburt eines Sohnes. Neun Monate später feiert die Christenheit das Andenken an die Geburt des göttlichen Kindes in Bethlehem im Stall.

In der Märzenzeit geschieht in der Natur die Befruchtung mit den Kräften der Sonne. In dieser Zeit ereignete sich dann auch die physische Befruchtung der Maria. Eine unbefleckte Empfängnis bedeutet jedoch, dass Maria während dem physischen Zeugungsakt mit ihrem seelisch-geistigen Anteil aus ihrer Leiblichkeit herausgehoben, also ganz dem Kosmos hingegeben war. Sie erlebte somit keinen Eigengenuß beim Geschlechtsakt und blieb damit ohne Leidenschaft und Begierde. So konnte sich die reine, die kosmisch gebliebene Seele als dem Urbild des Menschlichen in den Leib der Maria als das Jesuskind inkarnieren. In analoger Weise kann die Seele im Menschen in der Osterzeit den „Christussamen" im offenen Herzen empfangen. Ein Auferstehungsimpuls der Liebekraft kann dadurch stattfinden.

Für die Seele der Maria bedeutete die Osterzeit 33 Jahre nach der Geburt ihres Sohnes eine Konfrontation mit dem Tod. Die Pieta am Karfreitag erfordert nämlich nicht nur ein weibliches Empfangen, sondern vor allem auch ein Loslassenkönnen. Dann erst kann sich das Geistige in seiner Ganzheit einleben. Diese zwei Seiten gehören zu einer Ganzheit des Weiblichen: Empfangen und Weggebenkönnen.

Die Maienzeit ist der „weiblichste" Monat im Jahr. Es ist der Marien- und Rosenmonat in der symbolischen Farbe Rot. Der Mai ist der Wonnemonat, in dem die irdische Liebe ihre hohe Zeit feiern möchte. Kosmologisch offenbart sich in dieser Zeit im Natur- und Seelengeschehen die sinnliche, vitale und fruchtbare Frau, die „Erdfrau". Im Mai wird ja auch der Muttertag gefeiert.

Wie gesagt, untersteht im Irdischen aber alles der Polarität. Leben und Tod, Frühling und Herbst, Geburt und Pieta sind Stationen, die kosmologisch in den Tierkreisbildern des Stieres und des Skorpions zu Hause sind. Stierkräfte impulsieren die Welt mit der Schönheit der Venus. Durch den Skorpion bleibt nichts wie es ist. Der Tod bringt Wandlung und dadurch auch ein möglicher Neubeginn.

Pfingsten ist ein weiteres Fest des Weiblichen, an dem die Erdenmutter Maria und die Himmelskönigin Sophia zu einer Einheit verschmelzen. Die Erdenmutter und die Sternenkönigin vereinen sich im Geiste.

Maria bildete am Ur-Pfingsttag das Zentrum im Jüngerkreis. Also war die „Erdmutter" zunächst der geistige Mittelpunkt. Alle Versammelten erhoben ihre Seelen zum Geiste hin. Das Licht der Weisheit konnte dadurch in die offenen Seelen hereinleuchten.

Sophia, die Himmelskönigin, befruchtet mit Heiligem Geist. Eine Geistempfängnis geschieht. Dies ist der Höhepunkt des christlichen Jahres. Die Erdmutter und die Himmelskönigin möchten in die Menschenseele inspirierend und geistbefruchtend einwirken.

Maria-Sophia kann und will heute in der Menschheit gefunden werden. In einem globalen Bewusstsein für die Erde und die Belange der Welt öffnet sich die Menschenseele und weitet sich über sich selbst hinaus. Die Nöte in den Krisengebieten, die Armut vieler Menschen und vieles mehr, lässt die mitfühlende Seele erschüttern und aufrütteln. Eine Hilfsbereitschaft für die Schwachen, Kranken und Armen macht die Seele erdenschwer und erdenreif. Maria-Sophia trägt diese Erdenlast. Man kann ja nur staunen und sich wundern, wenn man die Geduld und die Milde der Erdmutter sieht, mit der sie Milliarden Menschen aufopferungsvoll trägt, obwohl wir Menschen alles mögliche tun, um sie zu schädigen und zu knechten. Welche Seelenkraft und Stärke da vorhanden sein muss, können wir nur sehr anfänglich erahnen.

Die Erdenmutter soll jedoch auch heute noch ein Mittelpunkt unseres Interesses sein. Dadurch können wir nämlich selbst ein Mitgefühl entwickeln, das uns mit allem verbindet. Ja, wir dürfen mit Maria, mit der Erdenseele zusammen, die Welt ein bißchen mittragen und dann auch ertragen; das verbindet uns mit ihr und mit der Welt. Das Individuelle, der Einzelne, das Menschen-Ich und die „große" Welt können so miteinander verbunden werden. Maria-Sophia ist die Brücke von der natürlichen Welt zur Welt des Geistes und damit auch zur Menschheit als ein Wesen, das alle Menschen in sich verbunden und integriert hat.

Die Pfingstthematik spiegelt folglich in urbildlicher Weise das Verhältnis von Ich und Gemeinschaft. Im Weiteren aber auch das Verhältnis vom persönlichen Ich zum hohen Selbst, zum Manasprinzip beziehungsweise zum Geistselbst, so wie dieses auch genannt ist. Im Geistselbst lebt das All. Das persönliche Ich, der Erdenmensch wendet sich zur Maria, zur Seele der Welt. Das höhere Ich, das Geistselbst ruht im Schoße der Weltenweisheit. In den pfingstlichen Geistesflammen berühren sich Gottes-Ich und Menschen-Ich. Über Maria erscheint die Taube des Geistes. Die Taube ist ein Symbol für das Sophienprinzip, für die kosmische Weisheit. Maria-Sophia kann und will in der menschlichen Seele erstehen.

In der vorsommerlichen Zeit hat die Erde auf der Nordhalbkugel am weitesten ausgeatmet und sich mit dem All verbunden. Dadurch kann Geistiges empfangen werden. Maria-Sophia wendet sich den reinen Seelen zu. Eine Geistbefruchtung geschieht: die Taube erscheint und erzeugt die Geistesflammen auf den Häuptern der Jünger. Maria bildet die Mitte, den Kelch. Der Kosmos gießt seine Weisheit aus, in die Menschenseele und damit auch in die Erde hinein. Hier ereignet sich folglich die Einheit von Himmel und Erde. Weiß und Rot begegnen und durchdringen sich.

Natürlich geschieht dieses Ereignis heute noch in einem recht unbewussten Zustand der Menschen. Noch sind wir in der Sommerzeit seelisch oftmals recht stark der natürlichen Schönheit in der Natur hingegeben. Dadurch wird die Seele offen und weit.

Eine Offenheit und eine Wachheit zusammen zu bringen, bedeutet aber auch, Gegensätze miteinander zu verbinden. In der Wachheit sind wir ganz bei uns, in der Offenheit viel mehr draußen. Hier offenbart sich ein Übungsweg, der jedes Jahr erneut und ein Stückchen weiter beschritten werden kann.

Nun darf noch Fronleichnam kurz erwähnt werden. Dieser Festtag ist meines Wissens nicht aus einem Christusereignis hervorgegangen. Das Allerheiligste will an Fronleichnam geehrt werden. Die heilige Hostie, die Auferstehungskraft des Leibes wird in katholischen Gegenden in blumengeschmückten Prozessionen in die Natur getragen. Das was geistig und geistleiblich im christlichen Jahr entstanden ist, wird der Erde mitgeteilt und übergeben. Die Erde als unser Heimatplanet wird somit im christlichen Jahr ganz angenommen und im sakralen Ritus geheiligt. Sie erhält ihre kosmische Befruchtung, nach dem der Mensch an Pfingsten mit dem Geist begnadigt wurde. So steht der Mensch in sommerlichen Höhen zwischen der Erde und dem kosmischen All.

Am 15. August gedenken wir Marias Himmelfahrt. Der himmlische Aspekt des Ewig-Weiblichen zieht sich in die geistigen Welten zurück. In der Apokalypse des Johannes wird dies mit der Wüste angedeutet, wo dieser himmlische Teil des Weiblichen vor dem drohenden Drachen geschützt ist. Die Geistbefruchtung des Sommers endet hier. Der Mensch erlebt diese Sommerstimmung heute vermehrt noch unbewusst und traumhaft. Erste Anzeichen des nahenden Herbstes tun sich in unseren Breitengraden zu dieser Zeit im Naturgeschehen kund. Die abnehmende Jahreszeit beginnt zu wirken. Die Ernte wird eingebracht; Arbeit und Fleiß sind nun angesagt. Damit werden die irdischen Todeskräfte langsam wieder stärker. In matriarchalen Kulturen wurde in dieser Zeit der Tod des Heros, des Geliebten besiegelt. Die alte Frau, die Schnitterin, ist das Symbol in dieser beginnenden Herbsteszeit in der Farbe Schwarz. Sie ist die weise und mächtige Frau, die in der Menschenseele erstehen will, um die Ernte, um die Früchte des Jahres, auch des bisherigen Lebens, einzuholen. Denn die lichten, warmen und geistdurchdrungenen Sommerimpulse wollen ichhaft angenommen und durchgetragen werden und ganz im Irdischen, in der Erdentauglichkeit ankommen. Die Seele hatte sich dem Sommer hingegeben. Nun muss sie wieder zu sich selbst erwachen. Dabei wird viel Dunkles und Unvollkommenes zu bewältigen sein, denn die Geistimpulse des Sommers stoßen oftmals auf das „Allzumenschliche" unserer Seelen. Innere Kämpfe sind dann die Folgen.

Nur ein Ich, das im Willen erwacht, kann die Führerschaft durch die dunkle Jahreszeit und durch die eigenen Seelenabgründe übernehmen. Das Ich soll die Seele dabei immer stärker lenken lernen. Wiederum wird hier ein weiblicher Archetypus offenbar, der diese dunkle Seite, diese innere Auseinandersetzung der Seele annimmt und eine bewusste Verbindung mit dem Irdischen und mit dem Geistigen anstreben kann. Isis ist der Name für diese kosmische Kraft. Sie trägt und zeigt das Dunkle, Verdrängte und Schattenhafte und will dieses wandeln und veredeln, um es ans Licht heben zu können. Isis verbindet den Leib, die Maria mit dem Geist, mit Sophia.

So erst vollendet sich die Weiblichkeit in Gott. Das Licht der Weisheit, die Stärke der Seele und die Schönheit des Lebens finden in Sophia, Isis und Maria ihre geistigen Urbilder. Im Menschen will der Kopfpol mit dem Bauch durch die Herzenstätigkeit verbunden sein. Eine Vollendung des Weiblichen kommt einer Vollendung der menschlichen Seele gleich. Der heilige Geist weist und führt im christlichen Jahreslauf zu dieser Vollendung hin. Die Seele kann in dieser Ganzheit allmählich gesunden und heilen.

Am 8. September wird der Geburt der Maria gedacht. Der Ursprung der weiblichen Gottheit, der Maria beziehungsweise der Madonna, ist in der Spica, einem Fixstern im Tierkreiszeichen der Jungfrau zu finden. Die Sonne läuft im Jahreslauf im September durch das Tierkreiszeichen Jungfrau. Übertragen heißt dies, dass die Jungfrau-Qualitäten der Reinheit, der Demut, der Bescheidenheit und des Dienens in der Menschenseele „geboren" werden sollen. Es ist damit der Archetypus der reifen und weisen Frau verbunden und zwar in den Farben Schwarz und Weiß, die diese innere Wandlung allmählich vermag. Das irdische Verlangen, das Rot des Sinnlichen des aufsteigenden Jahres, es erstirbt in diesem weiblichen Seelenaspekt. Der Tod im Irdischen bedeutet aber zugleich eine Geburt im Geistigen. Die Seele kann ichhaft im Geiste neugeboren werden. Die kosmischen Sommergaben wollen in der Seele zur Geisterkenntnis erwachen und individuell umgesetzt werden. Dieses Wandlungsprinzip spiegelt sich natürlich auch im Leben vieler Frauen, wenn diese ihre fruchtbare Lebensphase beenden und einen neuen Lebensabschnitt beginnen. Dies ist für viele Frauen ein ziemlich schwieriger Akt und Lebensabschnitt, wenn er aber durchlitten und erlöst wurde, sich daraus ganz neue Kräfte und Möglichkeiten erschließen können.

Michaelisches Wirken begleitet das Ich durch die dunkle Zeit des irdischen Sterbens und des geistigen Neubeginns im Innern der Seele. Michael ist der Hüter zur Geistsphäre der himmlischen Frau, der Sophia. Sie will in die Menschenseele einziehen können. Im Sommer strebt die Seele in den Kosmos hinaus. Im Winter will der Kosmos zum Menschen kommen, in ihm erwachen. Am 29. September ist Michaelstag. Die Herbststürme zeigen im Äußeren, was sich innerlich in den Menschenseelen und in vielen gesellschaftlichen Turbulenzen an Schwellenerfahrungen vollzieht.

Am 8. Dezember gedenken wir der Empfängnis Marias. Ein Engel erscheint und bringt ihr die frohe Botschaft. Ihre Antwort lautet: „Siehe, ich bin deine Magd". Dies ist die innere Haltung einer reifen und selbstlosen Seele. Die demütige Seele empfängt, gehorcht und folgt dem Geist.

Am 24. Dezember geschieht schließlich die Geburt des Kindes. Dieses Ereignis symbolisiert und gleicht einer Neugeburt in der Seele. Das höhere Ich, das Sonnen-Ich, der Christusfunke im Herzen kann in der geläuterten, reinen und empfangenden Seele einwohnen und darin geboren werden. Ein innerer, ein göttlicher Mensch ersteht in uns. Jedes Jahr ein Fünkchen mehr.

Die menschliche Seele, also ihr weiblicher Aspekt, die Anima, wird durch das Jahr geführt, damit sie in steter Wandlung vom göttlichen Geist befruchtet das sinnliche Leben erschließen und veredeln kann, um allmählich zu einer immer stärker sich hingebenden Anteilnahme am Weltganzen heranreifen zu können, bis dass die Welt, bis dass der Kosmos in ihr selbst ein Zuhause, eine Wohnung bereitet hat. Die Seele im All zur Sommerzeit, das All in der Seele im Winter - der Jahreslauf zeigt und führt den Menschen auf dem Weg zu einer Einheit mit sich selbst und mit der Welt. In der Muttergottheit ist die Seele daheim. In ihr ist Anfang, Wachstum und Vollendung, in Stufen, in Schritten, in Verschiedenheiten und in einem Zusammenklang.

Materie - Mater - die Mutter und das Heil der Erde

Schon den Wörtern Materie - Mater - Mutter ist ein innerer Zusammenhang eigen. Sie bilden ja vor allem auch den Grund für das irdische Leben. Der Stoff, die Materie ist ein Grundprinzip für das natürliche Leben, zu diesem kommt dann noch der Geist hinzu. Diese beide Komponenten bilden eine ursprüngliche Polarität, so wie dieses Urprinzip entsprechend auch als Licht (Geist) und als Finsternis (Materie) biblisch beschrieben ist. „Der Geist schwebte über den Wassern".

Die Frage ist nun, wie sich dieses Urprinzip aus Geist und Materie in der Welt offenbaren kann. Die Materie ist uns naheliegend und wissenschaftlich erforscht. Wo ist darin aber der Geist zu finden?

Noch immer wird vielerorts und in vielen Seelen, auch bei den spirituell Strebenden, eine Spaltung von Geist und Stoff vollzogen. Entweder wir streben zum Geist oder in den Stoff hinein. Diese Dualität hat eben sehr lange geistesgeschichtliche Wurzeln. Meist wurde in der frühen Geschichte der Menschheit das Stoffliche schlechter bewertet als das Geistige.

Heute und in der Zukunft immer mehr, sollen wir den Geist im Stofflichen, in der Materie erfassen lernen. Denn daraus kann er eine Art Auferstehung erleben. Der Geist ist in die Finsternis verbannt und will daraus befreit werden. Der Mensch hat nun in einem Erkenntnisringen die Möglichkeit, den Geist aus dem Stoff heraus zu befreien. Auch den Geist in seiner eigenen Leiblichkeit, gilt es zu suchen und zu finden.

So wollen wir hier einen Weg beschreiben, bei dem wir ein gedankliches und meditatives Verstehen herbeiführen wollen.

Wie kann gedanklich nachvollzogen werden, wie der Geist in der Materie wirksam ist, ohne in eine nebulöse oder mystische Anschauung, die unklar bleiben müsste, einzumünden? Hier ist deshalb ein gedanklicher Ansatz vollzogen, der im meditativen und praktischen Leben weitergeführt werden will.

Der Stoff, die Materie ist bekanntlich an den dreidimensionalen Raum gebunden.

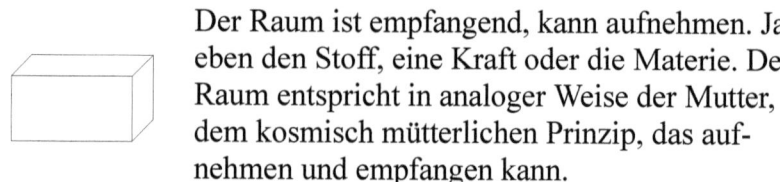 Der Raum ist empfangend, kann aufnehmen. Ja, eben den Stoff, eine Kraft oder die Materie. Der Raum entspricht in analoger Weise der Mutter, dem kosmisch mütterlichen Prinzip, das aufnehmen und empfangen kann.

Die Mutter empfängt das Leben im Raum, zum Beispiel in der Empfängnis und in der Schwangerschaft. Der Raum schafft bekanntlich unsere physisch sichtbare Welt. Ein eigenes Reich des Physischen beziehungsweise des Mineralischen wird durch das kosmische Mutter-Raum-Prinzip im All geschaffen. Der Raum füllt sich mit Materie und fällt damit in die Schwere. Dadurch entsteht Abgrenzung, was wiederum die Grundvoraussetzung für das allmähliche Entstehen eines Ich- oder Selbstbewusstseins bedeutet, denn dazu braucht es einen Innenraum, der sich von der Umgebung abgrenzen kann.

Wollen wir aber raus aus dieser Trennung beziehungsweise raus aus der Stofflichkeit, so muss eine Dimension vom Raum entfernt werden, was dann bewirkt, dass die Fläche entsteht.

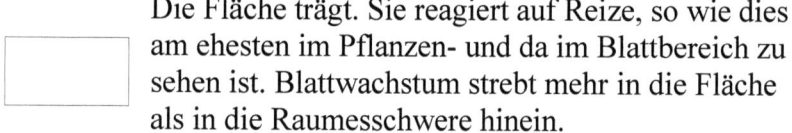 Die Fläche trägt. Sie reagiert auf Reize, so wie dies am ehesten im Pflanzen- und da im Blattbereich zu sehen ist. Blattwachstum strebt mehr in die Fläche als in die Raumesschwere hinein.

Gehen wir meditativ in die Fläche, so entsteht eine Empfindung, zum Beispiel im Bild einer Wasseroberfläche, eines Sees. Die Fläche nimmt wahr, zum Beispiel beim Tasten an der Hautoberfläche. Aus dieser Wahrnehmung resultiert ein Reiz, der von einem beseelten Wesen als Empfindung aufgenommen wird.

Wird von der Fläche eine Dimension weggenommen, entsteht die Linie.

Zwei Punkte verbinden einen Weg. Die Zeit entsteht, was einem ätherischen Prozess entspricht.

Als Wachsen und Reifen bedingt die Zeit eine Ausdehnung von einem Ort zum anderen, zum Beispiel im Stengel der Pflanze.

Geht man meditativ in die Linie, so weist sie in die Bereiche des klaren, mathematischen Denkens hinein. Somit hängt die Qualität der Zeit auch mit dem Denken zusammen.

Wird von der Linie eine weitere Dimension aufgegeben, bleibt übrig der Punkt.

. Der Punkt gleicht dem Stern. Sternenlicht ist punktförmig, zeigt also keinen Raumes- oder Flächencharakter mehr. Hinter den Sternen beginnen die geistigen Welten.

Stoffliche Lichtquellen zeigen im Gegensatz zum punktuellen Sternenlicht immer räumliche Lichtwirkungen. Unsere Sonne besitzt räumliches und punktuelles Licht. Sie ist also Planet und Stern.

Der Punkt gleicht dem Nadelöhr, weil er weder Fäche, noch Linie, noch Raum ist. Im Punkt, im Stern ist Geist, ist Ich-Substanz. Meditativ können wir den Bereich des Punktes durch den reinen Willen finden. Eine reine Aufmerksamkeit, Konzentriertheit und Willenskraft wirkt auf einen Punkt hin.

Der Punkt ist nicht mehr an den Raum gebunden, denn der Punkt ist theoretisch überall, an jedem Ort der Linie, der Fläche und im Raum. Folglich enthält der Raum auch die Fläche, die Linie und den Punkt und damit auch den Stern beziehungsweise den Geist, der in einem Willen gründet. Das Licht scheint in die Finsternis des Raumes. Durch den Punkt wirkt der Geist in alle Formen des Räumlichen hinein.

Den Punkt beziehungsweise den Stern und damit den Geist in seinem Innenraum zu empfangen und wahrzunehmen, können wir nur, wenn wir selbst zum Punkt, zum Stern werden. Im Endeffekt bedeutet dies, dass wir in uns selbst die Fähigkeit besitzen, Geist und Materie beziehungsweise Stern und Stoff oder Punkt und Raum miteinander zu verbinden. Daraus ersteht ein geistiges Leben in der Innen- und dann auch in der irdischen Welt. Geist wird im Innern geboren, vor allem, wenn wir ein Punktbewusstsein erwerben. Geist ist Liebe, ist Licht. Liebe und Licht werden so im inneren Leben geboren.

Wollen wir folglich zum Ursprung der Liebe und des Geistes in uns selbst gelangen, so müssen wir von unserem Körpergefühl beziehungsweise unserem Raumgefühl zurück zur Fläche, der seelischen Empfindung und dann weiter zur Linie, zum reinen Denken bis zum Punkt, zur Stille, zum „Nichts", zum Nadelöhr und da zu einem Durchgang kommen, was nur in einem reinen Willenserleben möglich ist.

Heute suchen sich viele Menschen vorwiegend in einem Körpergefühl, was ja zu einem regelrechten Körperkult ausgeartet ist. Wollen wir jedoch zur Ganzheit des Lebens, dürfen wir eben nicht im Raum beziehungsweise im Leib stecken bleiben. Alle Ebenen des Daseins können zumindest bewusstseinsmäßig erschlossen werden.

Eine kurze Zusammenfassung soll dies Gesagte hier nochmals verdeutlichen.

Raumbewusstsein: entspricht unserem gegenständlichen Bewusstsein durch die Sinneswahrnehmungen. Daraus entwickeln sich unser anschauendes, gegenständliches Begriffsdenken und unsere Vorstellungen von der Welt.

Flächenbewusstsein: ist in uns als ein traumhaftes Selbstgefühl in unseren Empfindungen erlebbar. Es ist auch in unseren Wünschen, Gefühlen, Sehnsüchten und Ahnungen tätig und kann im analogen Denken (der rechten Gehirnhälfte) angewandt, ausgeführt und erfasst werden.

Linienbewusstsein: es zeigt sich als logisches, mathematisches und vernunftorientiertes Bewusstsein und bildet im Menschen das abstrakte Denken (die linke Gehirnhälfte) aus.

Punktbewusstsein: entspricht einem geläuterten Bewusstsein, das moralische Qualitäten ins Seelenleben bringt. Dieses Bewusstsein strebt unaufhörlich zur Wahrheit hin. Der reine Wille im Denken, der eben zur Wahrheit hin ausgerichtet ist, vermag das Denken zu einem Organ heranzubilden, das aufnahmefähig wird für den lebendigen

Geist. Das Denken verläuft dann nicht mehr in der Zeit, sondern erfasst im Augenblick das Ganze, als Geistesblitz, als Inspiration und Idee. Die kosmische Welt wird darin zum eigentlichen Inhalt beziehungsweise es ist die Öffnung zum Weisheitslicht der Welt in diesem Bewusstsein vollzogen.

Das Punktbewusstsein führt in das Reich Gottes ein. Christus sprach zu Lazarus, dem reichen Jüngling: „Gebe all deinen Besitz den Armen, wenn du in das Himmelreich gelangen willst". Dies kann auch auf unsere Bewusstseinsinhalte angewandt werden. Alles Wissen, alle Vorstellungen, Gedankenstrukturen, Wünsche und Bewusstseinsidentifikationen müssen aufgegeben werden, um in das Reich Gottes gelangen zu können.

Der zu sich selbst erwachte „Punkt" schafft die Öffnung zum Geist. Dieses Punktbewusstsein, dieses Lichtbewusstsein gilt es anschließend wiederum in den Raum zu bringen. So wird der Raum veredelt, was letztlich einer Alchymie des Leibes und des Stoffes entspricht. Aus dieser Alchymie, aus dieser Verwandlung und Vered-lung des Stoffes und des Raumes durch den Geist erstand der sogenannte Auferstehungsleib, der Sternenleib des Christus Jesus.

Urbildlich empfing ein Leib, die Mutter Maria den Stern, das göttliche Licht im Jesuskind. Die Erde empfing den Himmel. Das ist das Weihnachtsgeschehen. Die Sternenwelt kommt in den Winternächten in die Erde hinein. Der Raum empfängt das kosmisch-geistige Licht.

Der Punkt ist Träger der kosmischen Wärme-, Liebe- und Lichtkraft. Er ist immer das Zentrum und überall im Raume, eben auch in der Peripherie immanent gegenwärtig. Die Linie ist Träger des Gedankens, die Fläche trägt die Empfindung. Der Raum empfängt und trägt die Informationen, die Ideen und Stofflichkeiten von allem. Der Raum beziehungsweise der Leib wird geformt von den einwohnenden Kräften und Strukturen, von Innen heraus, also vom Denken, von den Empfindungen und den Willensregungen.

Im Sinne eines Heilwesens können diese Gedanken zudem für unsere Gesundheit fruchtbar werden, denn diese Vierheit spiegelt sich auch im Ätherwirken, also im Bereich der Lebenskräfte, die uns gesundheitlich ernähren und erhalten. Dies soll hier aber nur stichwortartig angeführt werden, um aufzuzeigen, wie die Kräfte des Raumes und des Geistes, also die der Finsternis und die des Lichtes, zusammen in ihren Wechselwirkungen zum Heil für uns Menschen und dann auch rückwirkend auf die Welt einwirken können.

Raum: trägt Strukturen, Informationen und Vorstellungen - im Menschen der physische Leib - im Ätherischen: Entsprechung im Lebensäther. Der Lebensäther wird über die Sonnenprozesse in den Pflanzen, vor allem in den Samen und Keimlingen, also in den Informationsträgern, den Menschen übermittelt.

Fläche: trägt die Empfindung - im Menschen der Ätherleib - im Ätherischen der Klangäther. Klangätherkräfte werden durch rhythmische Prozesse, zum Beispiel durch Wirbel ins Wasser eingeführt und durch flüssige Nahrungskomponenten eingenommen, vor allem in Blattpflanzen.

Linie: trägt die Gedanken - im Menschen der Astralleib - im Ätherischen der Lichtäther. Medizinisch nutzbar sind die Lichtätherkräfte durch eine Übertragung in Lichtleitern, wie in Edelsteinen, Orgongeräten, in der Bioelektrizität, aber auch durch eine geomantische Architektur und natürlich durch Nahrung mit vielen Lichtquanten (Obst etc.).

Punkt: Träger der Wärme und der Liebe - im Menschen das Ich - Ätherische Entsprechung: Wärmeäther. Medizinisch fruchtbar, da wo Wärme in der Seele entsteht, zum Beispiel durch eine Begeisterung, in den Menschenbegegnungen, in der Meditation und Religion, aber auch im Fieber und im innerlichen Sonnenwirken.

Ja, die Erde heilt. Sie ist nicht nur das Grab für den Geist oder eine Leidensstätte für die Seele, wo wir Menschen unser altes Karma aufzuarbeiten haben und oftmals daran erschüttert werden. Sie dient vor allem einem Lernen und dem Entwickeln neuer Fähigkeiten. Alles ist gut und sinnvoll, was uns begegnet und dient letztlich einer Weiterentwicklung von Mensch und Welt. Wir dürfen daher freudig die Kräfte und Segnungen der Erde annehmen. Im Raum die stofflichen Gaben, in der empfindenden und reagierenden Fläche die Äther- beziehungsweise die Lebenskräfte, in der Linie das Erkenntnisringen astraler und mentaler Möglichkeiten und im Punkt, im freien Willen den lebendigen Geist. Da erst gewinnen wir ein Geistbewusstein.

Alle Bereiche sind dem Menschen mitgegeben. Alle Bereiche dürfen daher vom Menschen erobert und angenommen werden. Das Dasein umfasst eben nicht nur die räumliche Dimension, sondern auch die Welt der Empfindungen, der Gedanken und der moralischen Werte.

So wird eine „stoffliche" Krankheit, die vor allem das Leibesgeschehen tangiert, von ätherischen Kräften durch eine Ordnungstherapie über das Lebensätherwirken zu heilen sein, wodurch gesunde Informationen der Krankheit eine neue Richtung geben können. Da gilt es meistens, die eigenen Vorstellungen und Anschauungen im Leben zu verändern. Der Stoff neigt ja zum Festwerden und zur Abgrenzung. Das Leben will Rhythmus, Lebendigkeit und in einem „Fluss" sein können. Künstlerische Therapien und Heileurythmie wirken dabei lösend und entstauend.

Gesundheitliche Probleme, die durch Störungen im Lebensgefüge entstanden sind, wie durch bestimmte Neigungen, Gewohnheiten, Charakterzüge und Temperamentestauungen, aber auch durch elektromagnetische Felder und ähnlichem, können im Astralen, im Linienbewusstsein beziehungsweise im Gedanklichen durch neue Ausrichtungen ausgeglichen werden. Eine innere Klarheit ist zu suchen, die die Schicksalswege erkennen hilft.

Lichttherapien, wie zum Beispiel über Edelsteine, Metalle und Farbstrahlen, können hier zusätzlich ordnungsschaffend wirken.

Störungen im Seelischen können vor allem durch den Geist geheilt werden. Das Empfindungsleben, unsere emotionalen Probleme werden in einer sozialen Therapie verwandelt. Die Liebekraft heilt und wandelt die Seele im Inneren und in der Beziehung zur Welt.

Aber auch der Stoff selbst hat seine Wirkungen auf den Menschen und wirkt da bis in den Geist hinein. Stoffe können dem Geist förderlich sein oder ihn vereinnahmen, wie zum Beispiel durch Drogen oder eine unreine Nahrung. Der Leib kann wiederum durch gesunde und reine Substanzen aus der Nahrungswelt durchlässiger und lichter werden. Im Indischen ordnet man bestimmte Nahrungsmittel den drei Seinsbereichen des Lebens zu:

Tamas - das Dumpfe und Unwissende, das Unbestimmte.

Rajas – das die Leidenschaft erweckende.

Sattwa - das Klare und Durchlichtende.

Jedes Nahrungsmittel gehört dann mehr der einen oder anderen Region zu.

So wird ersichtlich, dass letztlich alles ineinander wirkt. Alle vier Ebenen des Irdischen und des Bewusstseinsmäßigen sind an einer Krankheit beteiligt, die eine mehr, die andere weniger.

Erdkräfte sind in der Nahrung, im Wasser, in Erdstrahlen, in Mineralien, in Metallen und Edelsteinen, in der Luft, im Wetter und in den Wärmewirkungen vorhanden. Sie können uns schädigen oder auch heilen. Wir selbst entscheiden uns für die gesunden oder die ungesunden Kräfte, die in und aus der Erde wirken. Meist ist es ja die Dosis, die entscheidet, wann etwas gesundend oder krankmachend wirkt. Daher besteht eben die Notwendigkeit, auch das Geistige, das geistige Ringen und Erkennen in der Erde zu suchen. Die Information, die der Stoff in sich trägt beziehungsweise das geistige Wirkensprinzip, es soll vom Menschen im Irdischen gesucht und erkannt werden.

In der Natur waltet Weisheit. Davon können wir lernen. Im Menschen soll und will die Liebe einwohnen. Wenden wir uns in Liebe zur Natur und zur Erde hin, wird sie uns ihre Weisheit preisgeben. Die Erde ist Stoff und sie ist lebendig, also auch ein Lebewesen, sie ist beseelt und sie ist ein Geistwesen. Das Heil kommt schließlich vom Geist, vom Stoff, vom Leben und aus reinen Seelengründen.

Die Erde empfängt, gebiert, pulsiert, gedeiht, fließt, wächst, begrenzt, wandelt, trägt, ernährt, regeneriert, beschützt und lebt. Daher kann sie selber auch welken, altern und sterben. Doch wir sollten uns hüten, diese Sterbeprozesse zu forcieren

Seien wir dankbar für ihre Gaben und ehrfürchtig ihr gegenüber, so wird sie uns an ihren Schätzen teilhaben lassen. Nur zusammen mit ihr haben wir Menschen eine Zukunft.

Durch unsere Anteilnahme an ihrem Wesen und Leiden und unserem fürsorglichen Einsatz für ihre Wunden, können wir zur Gesundung der Erde beitragen und vor allem wird sie uns dadurch freundlich und wohlwollend gestimmt sein. Wir haben es selbst in der Hand, in und mit welchem Geist wir unsere Zukunft gestalten. Mit der Erde wachsen und gesunden wir oder mit der Erde kränkeln wir und gehen irgendwann mit ihr zu Grunde, wenn wir so weitermachen wie bisher.

Die Erde ist unsere Mission, unsere von Gott gegebene Aufgabe und Berufung, so wie dies Novalis ausdrückte: „Auf einer Mission sind wir, zur Bildung der Erde sind wir berufen".

In diesem Sinne wünsche ich doch vielen Zeitgenossen ein warmes Herz, viel Liebe und einen ausgeprägten Schönheitssinn für unseren Heimatplaneten, für unsere Mutter Erde, die dankbar unsere Zuneigungen und Hilfen annehmen will. Die Materie, die Mutter und der Geist im Menschen, wie auch in der Welt kommen dadurch zusammen. Geist und Stoff, Licht und Finsternis bilden im Menschen eine neue Einheit, zumindest ist dies eine gesunde Möglichkeit, die wir ergreifen sollten.

Himmel und Erde

Um das Verhältnis des Himmels zur Erde etwas genauer ausloten zu können, wird es fruchtbar sein, unser allgemeingültiges Gottesbild zu hinterfragen. Das Göttliche wird ja traditionell mit dem Himmel gleichgesetzt. Die Erde und damit unser Menschenreich ist dagegen das Erlebnisfeld für uns Menschen nach dem sogenannten Sündenfall. Der Sündenfall bewirkte in unserer kulturellen Tradition die Bewertung von Gutem und Bösem. Der Himmel ist dabei stets dem Guten zugeordnet, das Irdische zeigt vor allem den Bereich der Gefallenheit beziehungsweise den der Prüfung und Bewährung.

Wenn wir die biblische Überlieferungen etwas näher betrachten, so zeigen sich im Laufe der Geschichte nämlich sich wandelnde Gottesbilder. Vom strengen, sich rächenden und fordernden Gott bis zum liebenden, sich verschenkenden Christus hin, ist es ja ein sehr weiter Weg, der unser traditionelles Gottesbild sehr leicht ins Wanken bringen kann. So lässt sich durchaus die Frage stellen, ob denn Gott wirklich nur gut ist. Warum lässt er denn alles Elend der Welt zu? Mussten wir Menschen wirklich so tief in die Sünde fallen, um dann wieder erlöst werden zu können? Was ist der Sinn hinter diesem ganzen Weltgeschehen?

Leicht kann man mit solchen Fragen am Gottesbild und dann auch an Gott selbst zu zweifeln beginnen.

So möchte ich in den folgenden Zeilen ein paar Gedankengänge anführen, die vielleicht etwas Licht in das „verworrene" Werk Gottes bringen können.

Ist Gott nur gut?

Wenn er nur gut ist, warum hat er dann in der Urgeschichte der Menschheit Abel's Werk höher bewertet als das Opfer des Kain? Kain war Ackerbauer, Abel war Hirte. Ist also die Arbeit an der harten Erde niedriger bewertet, als die Arbeit des Hirten, der die Tiere weidet?

Hier zeigt sich zunächst eine urbildliche Spaltung, die geistesgeschichtlich in den Priester-Hirten-Weg und in den Königsweg einmündet. Der Hirte bleibt seelisch mehr mit dem Kosmos verbunden, er nimmt nur das von der Erde, was sie ihm schenkt. Eine priesterlich verehrende Haltung dem Leben gegenüber ist dabei ausschlaggebend. Der Ackerbauer will die Erde selbst wandeln und umgestalten. So wird er zum Herren und König über das Erdenreich.

Eine Ursache für die unterschiedene Bewertung dieser Tätigkeiten liegt im Sündenfall selbst verborgen und begründet. Adam, der kosmische Mensch, wurde noch im Paradies mit einem Fluch Gottes beladen. Mit diesem Fluch kam der Mensch nach dem Sündenfall auf die Erde. In der Genesis lautet dieser Text folgendermaßen. Zum Mann aber sagte er: „Weil du der Aufforderung deines Weibes gefolgt bist und von dem Baum gegessen hast, von dem zu essen ich dir ausdrücklich verboten hatte, soll der Acker deinetwegen verflucht sein; mit Mühsal sollst du dich dein Leben lang von ihm nähren. Dornen und Gestrüpp soll er dir tragen und du musst dich vom Gewächs des Feldes nähren. Im Schweiße deines Angesichts sollst du dein Brot essen, bis du zum Erdboden zurückkehrst, von dem du genommen bist" (Genesis 5).

Harte Worte sind das für ein Verbot, das der Mensch in seinem „Kindheitsstadium" übertreten hatte. Denn im Paradies war der Mensch noch wenig seiner selbst bewusst, aber dafür im Einklang mit dem All. Es wurde hier aber nicht der Mensch verflucht, sondern der Acker. Der Acker ist die Erde. Die Erde selbst wird in diesem Fluch einbezogen. Die Materie, der Staub, ist vom Fluch beladen. Die Mater, die Mutter Erde schenkt uns Früchte und eben auch Dornen.

Den Fluch spricht Gott der Herr aus. Er ist ein Schöpferwesen vom Range der Elohim, der die Menschen aus dem Paradies beziehungsweise aus der geistigen Welt in die Verleiblichung der Materie auf der Erde begleitet hat. Die Schöpferwesen der Elohim wirken in der Sonnensphäre. Gott der Herr, also Jahwe, war ein Elohim, der die Menschen in das Irdische führen sollte. Dazu musste er in die Mondensphäre eintreten. Sein Auftrag war es, aus der Mondensphäre heraus die Kräfte des Irdischen, also die der Vererbung und der Körperlichkeit zu lenken. Die Mondensphäre repräsentiert im Kosmos mehr ein weibliches Element. Abel repräsentierte in seiner Seelenart noch mehr dieses mondenhaft weibliche Prinzip, das sich in der Hingebung an das Göttliche und Allgemeine zeigt. Kain weist dagegen einen marsischen Eigenwillen auf. Abel entspricht in seiner Seelenart also mehr dem Bereich Jahwe's, dem Priestersein. Kain zeigt dagegen einen luziferisch bedingten Willensimpuls. Er möchte die Erde beherrschen. „Macht euch die Erde untertan". Das entspricht dem Königsweg.

Aus der Geisteswissenschaft Rudolf Steiners ist in der sogenannten Tempellegende eine unterschiedliche Zeugung des Kain und des Abel geschildert. Kain war der Erstgeborene. Er wurde von Eva, der Erdmutter und einem geistigen Wesen mit luziferischem Einschlag gezeugt. Abel war von Adam und Eva gezeugt, also eine erste menschliche Zeugung. So entstanden zwei verschiedene Wesensarten.

Aus diesen unterschiedlichen Zeugungen resultiert ihre verschiedene Seelenanlage. Also zeigt sich in dieser Urpolarität auch ein kosmisch-geistiger Willensakt.

Beide, Abel und Kain, bringen ihre Opfer dem Herrn dar. Jahwe beachtet aber nur das Opfer Abel's, einen Erstling aus seiner Herde. Diese „Ungerechtigkeit" kann man mit heutigen ethischen Normen ja nicht mehr so einfach nachvollziehen. Kain geriet auf Grund dieser Abweisung in Zorn und tötet seinen Bruder. Er beging damit eine Schicksalsschuld, die den weiteren Weg der ganzen Menschheit vorzeichnete.

Man kann sich nun aber auch fragen, wo denn eigentlich der Zorn in Kain's Seele herkommt. Ist der Zorn denn nicht auch göttlicher Natur, so wie Gott der Herr im Paradies zornig wurde und seinen Fluch aussprach?

Folglich zeigt sich das Göttliche in Jahwe nicht nur als gut, von unserem heutigen ethischen Standpunkt aus betrachtet, sondern eher strafend, verfluchend, ungnädig, streng, verhärtet, undurchschaubar und ungerecht. Welcher tiefere Sinn liegt hinter dieser Geschichte?

Sicherlich wurde Kain durch die Abweisung Jahwe's in seiner Seele geprüft. Im indischen Yoga kennt man den Karma-Yoga, der lehrt, dass wir alle Taten, die wir tun, nicht um unserer selbst Willen tun sollen. Vollbringen wir unsere Taten um eines Lohnes Willen oder aus freier und liebevoller Tätigkeit? In diesem Karma-Yoga steckt beziehungsweise offenbart sich eine gewaltige Menschheitsaufgabe.

Aufgrund der Tötung Abel's wird Kain an ihm schuldig, bewirkt also Karma, das er in Zukunft sühnen und wieder gutmachen muss. Jahwe verflucht Kain, doch dann schützt er ihn auch wieder vor der Rache anderer.

Ein Satz Jahwe's an Kain kann da vielleicht etwas Aufschluss bringen, warum nun Jahwe Kain's Opfer nicht angenommen hat. Er spricht zu Kain: „Warum bist du zornig geworden und warum schlägst du dein Gesicht zu Boden? Findet dein Opfer nicht Annahme, wenn du gut handelst? Und wenn du nicht gut handelst, lauert dann nicht die Sünde vor der Tür wie ein Feind, der nach dir verlangt, den du aber beherrschen sollst?"

Folglich ist die Arbeit am Acker, aufgrund des Fluches aus dem Paradies an den Mann, an Adam, nicht so gut beziehungsweise nicht so hoch bewertet, wie ein Beten und sich Opfern können. So war durch den Sündenfall selbst schon eine Bewertung entstanden, was gut und was nicht gut, sprich was böse ist. Ist das nicht schon die Frucht vom Baum der Erkenntnis, die hier zu wirken beginnt?

Die Handlung und die Arbeit an der Erde bewirkt also die „Sünde", die Sonderung, die wie ein Feind vor der Türe lauert. Demzufolge ist der Feind im Irdischen zu finden, wenn wir das Irdische zu eigenem Gewinn gebrauchen wollen. Der Feind ist folglich unser egoistischer Drang zur Erde hin. Den Feind sollen wir aber beherrschen lernen. Die Sünde ist die Sonderung aus dem Paradies, das sich Abwenden aus der göttlichen Harmonie und Einheit.

Abel's Seele suchte noch diese Verbundenheit. Kain wollte etwas Eigenes schaffen und dieses als Geschenk darbringen.

Die Menschheitsgeschichte im weiteren Gange zeigte immer mehr diese Sünde beziehungsweise die Sonderung vom kosmischen Ursprung. Die Sonderung ist der Feind des inneren Menschen. Verstrickt man sich zu sehr in das Irdische, betreten wir zu sehr das feindliche Land, das die Erde auch bedeutet, so kann man darin gefesselt werden und den Allbezug verlieren. Das muss aber nicht so sein. Wir können daran auch wachsen und reifen. Allein unsere guten oder eigennützigen Motive für unsere Taten entscheiden über das Wohl und Wehe. Das nur Haben wollen oder das pflegende Verwalten von irdischem Besitz ist hier ausschlaggebend.

Jahwe hat eine klare Schicksals- beziehungsweise eine Karma-Anweisung gegeben, denn sein „Fluch" über die Erde schafft Karma. Wir sind in dieser Schicksalsaufgabe geprüft, immer selbstloser und demütiger zu werden, vor allem der Erde gegenüber.

Nun kann man theoretisch aber Gott vorwerfen, er hätte ja im Paradies überhaupt nicht verbieten müssen, vom Baum der Erkenntnis zu essen. Dann bliebe uns doch das ganze Szenario erspart.

Die Frage ist dabei vor allem, ob diese Versuchung durch die Schlange eigentlich zur rechten Zeit geschah. Denn hätte der Paradiesesmensch sich vorher moralisch weiter entwickeln können, zum Beispiel durch eine entsprechende Schulung, wäre er vielleicht gar nicht zum Opfer der Schlange geworden oder er hätte im darauf folgenden Erdensein auf die Prüfungen schon ganz anders reagiert. Nach Rudolf Steiner geschah die Versuchung durch die Schlange an und für das Weib nämlich zu früh. In einem späteren Entwicklungsstadium der Menschheit hätte diese Entwicklungsstufe wesentlich sicherer begangen werden können.

So war der Sündenfall während der lemurischen Erdenzeit doch eine ziemliche Katastrophe im kosmischen Geschehen. Und dann ist er aber auch wieder ein Wunderwerk in der Menschheitsgeschichte. Wir haben also im Sündenfall selbst schon zwei Seiten der Wirklichkeit enthalten. Gut und Böse sind in die Welt getreten. Im paradiesischen Zustand gab es diese Welt der Dualität noch gar nicht. Gut und Böse gehören dadurch in unsere Welt hinein. Wir dürfen diese Welt des Guten und des Bösen also auch bejahen. So lernen wir den Sündenfall beziehungsweise den Auftrag Gottes an uns anzunehmen, denn nur durch das Annehmen und Integrieren kann dereinst eine Erlösung für die Menschheit geschehen. Somit dürfen wir unseren Dienst in und an der Welt einem Höheren hingeben und opfern lernen, das im Endeffekt weder gut noch böse ist, sondern eine übergeordnete Einheit bildet, die alles einschließt, das Gute wie das Böse.

Jahwe führte die Menschheit in die Welt von Gut und Böse ein. Der Himmel ist gut, die Erde ist mit Bösem behaftet. So könnte man dieses Weltbild kurz zusammenfassen. Kosmologisch ist der Himmel männlich - Yang, die Erde dagegen weiblich - Yin. Darin offenbart sich konsequenterweise ein patriarchales Weltbild. Und an dem ganzen „Spiel" ist schließlich Jahwe selbst und dessen übergeordnetes Gotteswesen schuld! Dieser Gedankengang liegt nahe, denn auch der Versucher kann nur wirken, wenn Gott ihn zulässt. Den Versuchern war eben eine Möglichkeit der Freiheit gegeben. Sie konnten nach ihrem Belieben schalten und walten, denn sie waren von Gott zugelassen.

Um die ganze Thematik nicht negativ bewerten zu wollen, ist es hilfreich zu fragen, was uns Menschen das Eintreten in die Welt des Guten und des Bösen eigentlich bringt. Ja, diese Welt bringt uns nämlich etwas sehr wichtiges: Erkenntnis und Freiheit. Wir haben die Freiheit, uns selbst gegen die Schöpfung und den Schöpfer wenden zu können. Dies macht uns doch erst wirklich frei. Im Paradies war das noch gar nicht möglich. Die Folgen davon müssen wir aber eigenverantwortlich tragen lernen. Dazu dient das Gesetz des Karma.

Durch die Verfluchung Jahwe's nahm dieser jedoch auch eine Schuld, sprich Karma auf sich. Denn das Karmagesetz waltet in der gesamten Schöpfung. Gott ist folglich auch karmisch mit der Menschheit verbunden. Er steht somit auch in unserer Schuld und Verantwortung.

Wir können ihn deshalb anklagen, verfluchen, verachten, verurteilen, an ihm schuldig werden oder ihm verzeihen, ihn annehmen, achten und danken für sein Opfer und dafür, dass er uns die Freiheit geschenkt hat. Das ist eine Erkenntnisaufgabe, die letztlich zu einer bewussten und freigewählten Liebe hinführen will. Ja, wir dürfen Gott und seine Gebote, seine Gesetze auch lieben, nicht nur fürchten oder aus Angst vor Strafen uns rechtmäßig verhalten. Eine wirkliche Erkenntnis schafft somit erst die Grundlage für eine echte und ehrliche Liebefähigkeit.

Gott ging das Experiment und das enorme Risiko ein und schickte die Menschheit in die Freiheit in der Erdenwelt. Den Göttern war es wegen diesem Weltereignis eigentlich recht bange zumute, ob der Mensch wohl dieses Wagnis meistern würde?

In der irdischen Welt lebt der Mensch, um sich zwischen dem Abgrund des Untersinnlichen, des Bösen, sowie der natürlichen Welt und wenn er will, auch in der Kommunikation mit den übersinnlichen Welten zu entwickeln. In Freiheit können wir uns wieder dem Geistigen zuwenden und damit die irdische Welt durchdringen, wandeln und verklären. Oder uns ganz dem Untersinnlichen wie auch dem Natürlichen hingeben und alles Kosmische negieren und verlieren.

Als Wiedergutmachung für seine Strafen, Prüfungen und die Ausweisung aus dem Paradies sandte Gott seinen Sohn, den Christus in die Erdenwelt, der erst die Möglichkeit zur Erlösung der gefallenen Erde und des Menschen schuf.

Sind wir durch die schweren Erdenprüfungen, an denen die göttliche Welt mitfühlt und mitleidet, stark, wach, frei und gütig geworden, so hat sich der Erdengang für den Menschen gelohnt. Dann hatte alles einen Sinn, denn die Fähigkeiten, die wir im Erdensein erwerben, gehören ganz individuell zu uns. Ja, diese Fähigkeiten bereichern auch den Himmel.

Werden wir einmal all die guten und bösen Seiten in der Welt als gleich wichtige Lernaufgaben für unser individuelles Leben in die Freiheit hinein begreifen, akzeptieren und annehmen, erlangen wir erst die Reife, um in die göttlichen Sphären eintreten zu können, wo dann „Licht und Schatten zu echter Einheit werden gatten". In diesen Sphären, in den Welten des freien Geistes offenbart der Baum des Lebens seine Wirkungen. Jedoch, der Baum der Erkenntnis von Gut und Böse, der für uns bestimmend ist, wandelt sich erst im Menschen durch die Macht der Liebe zum Baum des Lebens, zum Leben im Geiste um. Dieser Weg ist uns vor allem im manichäischen Christentum aufgezeigt. Diese christliche

Geistesströmung des Manichäismus hat nämlich die Aufgabe, die dunklen und die lichten Kräfte wieder miteinander zu verbinden. Der Manichäismus ist daher ein zutiefst christlicher Impuls.

Was heute als Christentum in der Welt öffentlich bekannt ist, geht meines Erachtens nicht sehr weit in die Tiefe und daher auch nicht in die Höhen eines Bewusstseins, das die ganze Welt durchdringen, erkennen und dann auch wandeln kann.

So will ich hier eine kurze Einführung in christliche Mysterien vornehmen, um etwas von den Hintergründen unserer Kultur- und Geistesgeschichte andeuten zu können. Sicherlich ist dieser Ansatz hier unvollständig und bruchstückhaft. In früheren Schriften von mir sind dazu weiterführende Gedanken angesprochen.

Urbildlich finden sich drei große Strömungen des Christentum's, die in den geistigen Führern des Petrus, des Paulus und des Johannes ihre Repräsentanten und Mittelpunkte finden. Petrus offenbart dabei die männliche Variante, die hauptsächlich in der katholischen Kirche ihren Niederschlag fand. Er ist der Fels, auf dem Christus seine Kirche aufbauen will. Das heißt mit anderen Worten, dass das petrinische Christentum erst das Fundament bilden soll, auf dem die eigentliche Christuskirche erstehen will. Die katholische Kirche ist patriarchal und hierarchisch ausgerichtet und dient vor allem dazu, die Glaubenskräfte in den Menschen zu schulen. So wie Petrus in Rom seinen irdischen Tod fand, so wurde auch das frühe Christentum von der römischen Staatsmacht vereinnahmt. Das Cäsarentum lebt also unterschwellig im Katholizismus weiter. Die Auseinandersetzung mit den Mächten der Welt ist deshalb eine zentrale Aufgabe der römisch-katholischen Kirche. Sie wird nicht ewig sein, das bezeugen schon die Christusworte am Ende des Johannesevangeliums, wo es zu einer Auseinandersetzung des Petrus mit dem anderen Jünger, mit Johannes kam. (Johannes-Evangelium 21, 15-25).

Die paulinische Strömung innerhalb des Christentums hat vor allem die Aufgabe, das Leben der Gläubigen irdisch werden zu lassen. Die Botschaften der Evangelien wollen helfen, das irdische Leben in einem christlichen Sinne bewältigen zu können. Die

Bergpredigt ist zum Beispiel ein mächtiger Reformimpuls, so wie dieser teilweise dann auch in der Reformation zu Tage trat. Die Kräfte der Hoffnung erlauben es immer wieder, etwas Stagnierendes aufbrechen zu lassen. Es sind auch wiederum die Hoffnungskräfte, die vor einem zu starken Materialismus bewahren können, denn im Endeffekt will die geistige Individualität des Paulus eine Brücke bilden zwischen dem nur Irdischen und dem Geistigen. Bei uns zeigen vor allem die evangelischen Gemeinden dieses Anliegen, obwohl hier immer auch die Gefahr besteht, nur das Irdische, also auch nur den irdischen Jesus sehen zu wollen. Der kosmische Aspekt der Christuswesenheit kann aber nur in einem Gang durch die Todeskräfte gefunden werden, eben durch die Kräfte der Hoffnung, die es schaffen, auch den dunklen Todesmächten noch ein Licht abringen zu können.

Das johanneische Christentum ist mehr weiblicher Natur und bildet die eigentliche Zukunft der christlichen Kirche. Urbildlich wurde dieser Impuls unter dem Kreuz von Golgatha inauguriert, durch die Worte des Christus, die er zu Maria und Johannes sprach: „Siehe deine Mutter, siehe dein Sohn". Darin ist eine matriarchale Komponente zu finden. Maria und Johannes lebten in der Folge dann auch lange Jahre in Ephesus, einer alten Mysterienstätte der Göttin Artemis, also der Muttergottheit selbst. Johannes entwickelte sich zum guten, alten Patriarchen, der die Mutter ehrte und beschützte. Matriarchat und Patriarchat kommen dadurch zusammen, ergänzen sich und schaffen somit etwas ganz Neues.

Das esoterische Christentum ist Träger dieses neuen Impulses. Dabei wurden und werden keine festen Insitutionen gegründet. Diese universelle Kirche lehrt und sucht die individuelle Beziehung zu Gott. Sie hat also die Aufgabe, sich selbst überflüssig zu machen, denn wenn der Mensch seine persönliche Beziehung zur geistigen Welt gefunden hat, braucht er keinen Priester oder sonstigen Lehrer mehr. Ein eigener Kosmosbezug wird in Zukunft gefunden werden durch die Kräfte der Erkenntnis und der Weisheit, sowie der Liebe zu den Geistwesen im All. Ja, die Liebe ist das Zentrale in einem esoterischen Christentum, denn sie vermag es,

Grenzen zu überbrücken und Welten zu verbinden, denn die Liebe verbindet. So liegt im esoterischen, johanneischen Christentum das Heil für eine christliche Zukunft. Dieses spirituelle Christentum sollte daher nicht mehr verfolgt oder ausgegrenzt werden, wie in früheren Zeiten, denn sonst ginge es im Gesamten nicht mehr in einem guten Sinne weiter.

Das esoterische Christentum wird in Zukunft immer mehr die großen Muttermysterien offenbaren. Der „Sohn", der die göttliche Mutter ehrt, achtet und schützt, wird dieses auch in und auf allen Ebenen des Lebens tun, also auch in einer Beziehung zur Mutter Erde. Mutter und Sohn - von der Artemis zur Maria - von Adam zu Johannes, darin zeigt sich eine lange Entwicklungsgeschichte, in der matriarchale, dann wieder patriarchale Züge vorherrschten. Beide Komponenten haben jedoch ihre Berechtigung, wenn sie nicht in einer einseitgen und verzerrten Weise auftreten. Denn daraus soll in der Zukunft eine gleichwertige Beziehungsebene gefunden werden, die beide Teile in einem positiven Sinne verbindet und erhöht. Dies ist ein zentrales Anliegen zukünftiger Mysterien, in denen letztlich Himmel und Erde, Männliches und Weibliches, das Getrennte - die Dualität, Yang und Yin, Kain und Abel, sowie Jahwe und Adam zu einer neuen Einheit hingeführt werden sollen. Diesen Impuls der Vereinigung der Polaritäten wird in Zukunft der sogenannte Maitreya Buddha vorantreiben. Im manichäischen Christentum hat er seine inaugurierende Aufgabe angenommen und begonnen.

Natürlich ist das esoterische Christentum sehr vielfältig und mit sich ergänzenden Strömungen verbunden. Doch ein Gemeinsames wird es in allen Strömungen geben und das ist, dass wir in Zukunft immer mehr wegkommen müssen von einem „Schwarz-Weiß" Denken und Fühlen, also von einer dualistischen und polarisierenden hin zu einer ergänzenden und synthetisierenden Betrachtungsweise. Die Sonderung in ein Gutes und in ein Böses kann damit überwunden werden. Die Sonne scheint für alle. Christus liebt alle und alles. Er richtet nicht. Daher dürfen wir lernen, Ja zu sagen, zu allem was uns widerfährt. Unsere Grenzen sind dabei anzunehmen, zu erkennen und dann auch zu erweitern.

Dies geschieht vor allem durch ein Verzeihen, Versöhnen, Erlieben und Vergessen. Das sind die Schlüssel, die uns allmählich offener, ehrlicher und reifer machen können, vor allem, wenn wir uns dabei mit dem Geist der Liebe, mit Christus verbinden.

Jahwes Mission wird durch Christus vollendet. Im Paradies war der Mensch noch in einem kindlichen Zustand, ganz dem Kosmos hingegeben. Jahwe führte die Menschheit von der „Kindheit durch die Jugendzeit", so wie dies urbildlich im Alten Testament geschildert ist. Da benötigte er für die Erziehung des Menschengeschlechts gewisse Regeln, Gebote, Zurechtweisungen und Strafen, so wie das heute noch in vielen Kulturen zu beobachten ist, in denen ein jugendlicher Übermut gezügelt werden muss.

In Christus kann der Mensch seine Freiheit finden, das heißt, er soll dann auch erwachsen werden. Das Alte Testament wird abgelöst vom Neuen Testament. Das „Kind" wird eigenverantwortlich und erwachsen und findet langsam und allmählich einen Zugang zur Christusliebe. Jedoch kommt es dabei nicht so sehr auf den Namen Christus an, sondern auf die Kraft der Liebe, die auch in vielen „nichtchristlichen" Strömungen vorhanden ist. Dann erst kann eine verheißungsvolle Zukunft beschritten werden, deren spirituelle Ebenen in der Apokalypse des Johannes beschrieben sind. In dieser Apokalypse ist der Weg des esoterischen Christen, menschheitlich und kosmisch gesehen, geschildert.

Die kosmische Frau, das weibliche Prinzip im Kosmos, wird im Verein mit Christus die erwachsen gewordene Menschenseele weiterführen. Durch eine innerseelische Verbindung mit der Muttergottheit kann die Erde vom Menschen angenommen und dem Himmel dargereicht werden. Die Erde braucht keine Maya zu sein, so wie dies die alten Inder noch verstanden hatten. Christus ist in den Leib der Erde eingezogen, er ist die Geistessonne in der Erde - Mutter und Sohn. Ein neuer Geist ersteht aus der Verbindung der geistigen Erde mit der geistigen Sonne: der heilige und heilende Geist.

Christus bringt den Himmel, die Welt der Sterne in das Erdensein. Daraus resultiert auch eine neue Qualität der Weiblichkeit für die Erde selbst. In ferner Zukunft wird eine jungfräuliche Erde, ohne

Dornen, zur Braut für den Himmel bereitet sein. Das Neue Jerusalem ersteht daraus, das ist christlicher Zukunftsblick.

Eine neue Erde, ihr jungfräulicher Zustand, ihr Hochzeitsgewand, wird in der Verbindung von Himmel und Erde erstehen. Die Mutter Erde, Maria-Sophia vereint sich mit Christus. Der Sonnengeist und der Erdgeist vermählen sich - von Jahr zu Jahr stetig wachsend. Heute beginnt die Erde schon etwas in dieser neuen Aura auszustrahlen. Dieses Hochzeitsgewand offenbart sich für das schauende Auge mehr und mehr.

Jahwe wird von seiner Aufgabe erlöst, auch durch uns Menschen. Denn wir wirken an seiner Befreiung mit, wenn wir bereit sind, in unserer Seele selbst etwas von diesem Jungfräulichen zu erwerben – durch Verständnis, Vergebung und Liebe. Jahwe symbolisiert beziehungsweise er repräsentiert in gewisser Weise ja auch den Vatergott, wie auch das Osiris-Prinzip, das in die Erde hineingestorben, zerstückelt worden ist. Das umfassende geistige Band ging dadurch verloren. In Christus beziehungsweise dem Horus-Prinzip, steht er wieder auf. Alle Welten sollen und können dadurch wieder miteinander verbunden sein.

Die Mutter des All's, das göttlich-kosmisch Weibliche und das Isis-Mondenprinzip des Mütterlichen in der Seele und die jungfräulich reine Erde, das Heilig Geist- beziehungsweise das Marien-Sophien-Prinzip, sowie die naturhaft sinnliche Erdfrau und Erdmutter sind von Christus angenommen und in seiner Liebe erhöht worden.

Der Jahwe-Geist der Strenge und des Gesetzes wird vom Geist der Liebe abgelöst. Daraus ist ein neues Karmawirken hervorgegangen. Nicht mehr das „Aug um Auge, Zahn um Zahn" ist daher weiterführend, sondern das Verzeihen, Versöhnen und Wiedergutmachenwollen. Christus heilt und erhöht das weibliche Prinzip im Kosmos und auf der Erde, das sich hingeben und verschenken kann, das aufnimmt, behütet, pflegt, nährt und Heimat schenkt.

Das patriarchale Zeitalter soll zu Ende gehen. Ein neuer Geist ist erstanden, der das Dunkle mit dem geistigen Licht verbinden und damit erhöhen kann. Keine Teilung, Spaltung und Polarisierung ist mehr notwendig. Christus, die kosmische Liebe, bringt zusammen, verbindet, erlöst und erhöht, wenn wir es schaffen, die Trennungen, Spaltungen und Andersartigkeiten in und mit der Mitwelt anzunehmen und diese im Geist der Liebe miteinander zu versöhnen.

Von Goethe kennen wir den Ausspruch: „Edel sei der Mensch, hilfreich und gut..."; so lautet der erste Vers in einem Gedicht mit dem Titel: Das Göttliche. Ja, edel sind wir, wenn wir nichts mehr verurteilen und verteufeln. Helfen dürfen wir allen Wesen, die nach Hilfe verlangen. Gut sein heißt, dass wir aus der Wahrheit heraus, in Liebe zu Handelnden werden. Dies sind Tugenden, die das Dunkle nicht mehr ausklammern und dadurch direkt aus dem göttlichen Leben entspringen und daraus gespeist werden.

Der Himmel hat sich in und durch Christus in die Erde gesenkt, was einer geistig-lebendigen Zeugung gleichkommt. Daraus ersteht das Neue Jerusalem - eine neue Schöpfung beginnt.

Das Dunkle und Fehlerhafte zu durchleben und zu durchleiden ist somit nicht umsonst. Wir alle, eingeschlossen die geistigen Welten, haben daraus gelernt und lernen noch weiter. Wir kehren nicht zurück in das Paradies, in die alte Vollkommenheit in der Harmonie des Göttlichen. Die Disharmonie, die Polarität von Himmel und Erde, von Gut und Böse hat uns erst die Freiheit gebracht und sie fordert uns auf, zu einer reifen Persönlichkeit heranzuwachsen, die sich als individueller Erdenmensch mit dem kosmischen Ebenbild, mit dem Christus in uns vereinen will.

Sicherlich ist dieser Weg oftmals steinig und hart, doch werden wir so zu einer Vollendung geführt, die uns seelisch frei, eigenständig und gereift mit dem gesamten All vereint. Das All und der Mensch, das ist die wahre Einheit, der wir zustreben dürfen. Das ist das Ziel und die Zukunft der Erde und von allem was ist. Der ganze Kosmos wird neu werden, Himmel und Erde werden neu, so wie das Christus ausgesprochen hat. Eine neue Welt ersteht und wir dürfen daran mitwirken.

Das Erdenleben im Einklang mit dem Geist der Erde und den Himmelskräften

Die Erde und das Leben auf der Erde unterstehen kosmologisch betrachtet den qualitativen Ordnungen der Zahl Vier. Um das Erdenleben mit dem Geistigen des Himmels in Verbindung bringen zu können, muss im Weiteren zunächst auch die Siebenheit in Betracht gezogen werden.

So wie sich die Vierheit zum Beispiel in den vier Himmelsrichtungen, in den vier Dimensionen, in den vier irdischen Wesensgliedern des Menschen und in den vier Elementen offenbart, so wirkt die Siebenheit vor allem in den zeitlichen Rhythmen, wie zum Beispiel in den sieben Wochentagen in das Irdische hinein. Daher lassen sich auch im Christusleben auf der Erde viele Komponenten finden, die dieser kosmischen Siebenheit unterliegen. Im Folgenden werde ich einige wesentliche Offenbarungen des Himmlischen anführen, die das Erdenleben durchdringen und erhöhen können.

Zeugen des Geistigen im Irdischen sind die sieben Sakramente und die sieben „Worte" des Christus am Kreuz oder auch die sieben „Ich bin"-Worte.

In die Seelen der Menschen kann der lebendige Geist einwohnen, wenn diese sich dafür öffnen können. Die Meditation, das Gebet, das Christuswort im Inneren, die Liebe und das geistig strebende Leben sind Übungen und Taten, die uns mit dem Geist verbinden wollen. Daraus möchte sich für den Einzelnen, wie auch für die Gemeinschaft ein christlicher Lebenslauf entwickeln. Vor allem sind es die christlichen Sakramente, die dem Christen in seiner Lebensbiographie helfen können. Sie stellen Stufen dar, die irgendwann einmal durchlebt sein wollen, bei jedem Menschen individuell verschieden.

Wir kennen sieben Sakramente aus den kirchlichen Ritualen. In und mit diesen Sakramenten möchte sich das Kosmische, der Himmel, in das irdische Leben einbringen. Die Sakramente sind durch Christus herbeigeführte Gnadengaben des Kosmos an uns

Menschen und in der Folge dann auch an die Erde.

In der Siebenheit verläuft die zeitliche Entwicklung im Kosmos und in der gesamten Schöpfungsgeschichte, wie in den sieben Erdverkörperungen oder in den sieben nachatlantischen Kultur-Epochen, wie auch in den sieben Wochentagen oder in den Siebenjahres-Rhythmen im Leben der Menschen. Darin finden sich die Qualitäten der sieben Planetensphären einverwoben, so wie diese archetypischen Kräfte auch das siebenfache menschliche Chakrensystem impulsieren.

Durch die sieben Sakramente kann die Erden- und die Menschheitsentwicklung wieder mit den Wesenskräften der Sonne und der Planeten verbunden werden. Die Sakramente des Christus sind durchchristete Sonnen- und Planetenwirksamkeiten im Erdensein.

Das Leben auf der Erde ist somit auch ein Tor zur geistigen Sonne, wenn dieser Siebenstufenweg der Sakramente beziehungsweise der Planetensphären im Menschenleben beachtet wird.

Die sieben Stufen der Sakramente erlösen die Menschheit vom Sündenfall, das heißt, aus der Sonderung vom Geistigen.

Natürlich sollen und können die Formen zum Ausüben der Sakramente in unserer Zeit immer individualistischer gehandhabt werden. Die Traditionen können dabei eine Anregung bieten, die der jeweiligen Zeit und den Umständen entsprechend weitergeführt werden dürfen. Da können ganz neue Formen, zum Beispiel für ein Tauf- oder Eheritual entstehen, die den teilnehmenden Menschen persönlich mehr entsprechen. Allein die innere Haltung und das Verständnis für die Sakramente mögen eine Richtschnur bilden.

Die sieben Planetenstufen verbinden die Elemente des Irdischen mit den Prinzipien des Himmlischen, wobei die Sonne zwischen allen vermittelt und selbst eine Stufe darstellt. Die Sonne ist Zentrum, Ziel und Verbindungsglied in einem. Daher kommt der Sonnensphäre in einem christlichen Sinne eine zentrale Bedeutung zu.

Die Erde besteht aus den Qualitäten beziehungsweise den Elementen der Erde, des Wassers, der Luft und des Feuers. Im Leben auf der Erde können durch ein christlich-sakramentales Handeln die Elemente selbst zu einem Tor zur Sonne werden. So will ich hier zunächst die Stufen der Sakramente beschreiben, die einem christlich geprägten Lebenslauf einen Sinn und eine Orientierung anbieten können. Daran kann sich ein geistiger Schulungsweg anschließen, der die Qualitäten des Irdischen annimmt und diese zum Himmlischen erhöht, so dass letztlich Himmels- und Erdkräfte eine Einheit bilden können.

Die Taufe ist das erste Sakrament und entsprechend im Menschen dem untersten Chakra, dem sogenannten Wurzelchakra zugeordnet. Planetarisch gehört die Taufe der Mondensphäre an, die im Menschenleben die Geburt und das erste Jahrsiebt bestimmt. Für das kleine Kind geht es zunächst um ein Angenommensein und ein sich zu Hause fühlen. Das schafft ein seelisches Wohlgefühl. Im späteren Leben braucht man sich dadurch nicht in Konkurrenz, Neid und Eifersucht verstricken, denn man fühlt sich im Inneren, im Seelischen getragen und angenommen. Man hat seine Wurzel in sich gefunden.

Die Taufe will den physischen Leib mit bestimmten Geistprinzipien durchdringen helfen. Dazu werden die Substanzen Salz, Wasser und Asche dem Kinde vermittelt. Darin zeigen sich diese Elemente in den drei Wirkprinzipien des alchymistischen Sal, des Mercurius und des Sulphur. Mit anderen Worten soll damit das trinitarisch-göttliche Prinzip in die irdische Leiblichkeit hereinfinden.

Das Christuswort: „Ich bin der Weinstock, und ihr seid die Reben" offenbart diese Sphäre, worin wir alle unseren Ursprung haben. Die Taufe will uns im Erdenleben wieder mit diesem Ursprung zusammenbringen. Ja, dieser Ursprung ist auch im Menschenleben gegenwärtig. Das ist der Sinn der Taufe. Sie ist eine christliche Weihe der Welt des Physischen, des menschlichen Leibes und der Elemente. Die Taufe will uns vom Sturz in die Erbsünde erlösen. Dem Kind wird vermittelt, dass es im Erdenleben nicht vom Himmel verlassen ist.

In der Menschheitsentwicklung entspricht diese frühkindliche Stufe der altindischen Kultur, die etwa von 8000 bis 6000 v. Chr. herrschte und astrologisch dem Krebszeitalter entspricht. Der Mond ist Herrscher im Tierkreiszeichen Krebs. Eine Mondenkultur des Pflegenden und Nährenden für die Erde und die Kinder war in dieser Zeit maßgebend und soll auch heute noch am Anfang allen Lebens stehen.

In der Offenbarung des Johannes ist diese Mondenqualität der ersten nachatlantischen Kulturepoche im Sendschreiben an die Gemeinde Ephesus ausgesprochen.

Im biographischen Weg des Einzelschicksals schenkt die Taufe der Seele ein „zu Hause sein können" in der physischen Leiblichkeit. Sie schafft damit Geborgenheit und Vertrauen, die wiederum eine gesunde Grundlage für die Hoffnungskräfte im späteren Leben bilden können. Die Taufe ist eine Verkündigung und ein Bekenntnis zum inneren Christusleben bis in die Leiblichkeit hinein.

Die Firmung oder Konfirmation als zweite Stufe der christlichen Sakramente ereignet sich in archetypischer Ordnung innerhalb des zweiten Jahrsiebt's. Der Ätherleib beziehungsweise das merkuriell-bewegliche Element des Kindes wird im Sakrament der Firmung von der geistigen Welt, von der Sonnensphäre des Christus gehalten, geführt und gestützt. Die Firmung will eine religiöse Haltung, ein Frommsein, die Hingabebereitschaft und die Begegnungsbereitschaft des Kindes impulsieren und fördern. Der innere Führer soll gesucht werden.

Die Firmung schafft mit, neben einer liebevollen Erziehung, dass die geistige Grundlage für die Liebekraft im späteren Leben ausgebildet werden kann und bereitet im Weiteren beziehungsweise in einem höheren Sinne die Priesterweihe keimhaft vor. So wie nämlich das erste Sakrament zum siebten eine innere Beziehung aufweist, so das zweite zum sechsten und das dritte zum fünften. Das vierte Sakrament bildet die Mitte.

In der nachfolgenden Aufstellung werden weitere Zuordnungen aufgezeigt, wie sie entsprechend beim ersten Sakrament der Taufe näher beschrieben wurden und deshalb hier nicht genauer und nur noch stichwortartig ausgeführt werden.

Das dritte Sakrament beinhaltet die sogenannte Beichte, wie auch im dritten Jahrsieb der Ernst des Lebens beginnt, da ab dieser Zeit ein karmisch-verantwortbares Handeln für die Jugendlichen eintritt, denn der Astralleib wird in dieser Zeit im Menschenleben frei. Die Venussphäre impulsiert das dritte Jahrsiebt von der Pubertät an bis zum Erwachsenwerden. Die Seele braucht in diesem Jahrsiebt eine innere Wandlungsbereitschaft, da sie sich entfalten und entwickeln soll, denn im späteren Leben wird vor allem eine Selbsterkenntnis verlangt. Viele seelischen Höhen und Tiefen wollen durchlebt sein. Das Streben nach Ausgleich und Harmonie erfordert oftmals ein starkes inneres Erleiden bedrängender Seelenzustände, aber dann auch wieder Zeiten einer unbeschwerten Heiterkeit.

In dieser Zeit können Glaubenskräfte aufhellend und heilend für die Seele wirken. Zudem ist es enorm wichtig für den Jugendlichen, wenn er eine Vertrauensperson in den Erwachsenen findet, die ihm helfend, ratend und an ihn glaubend zur Seite steht. Daraus könnte sich eine neue Art eines „Beichtgespräches" entwickeln, das offen und vertrauensvoll alle Belange und Probleme des Jugendlichen einschließen kann. Neue, sich wandelnde Formen werden gerade bei Jugendlichen immer wieder benötigt.

Zusammenfassend kann festgestellt werden, dass die drei unteren Ebenen, also die ersten drei Sakramente, wie auch die unteren Chakren, die Welt der Vater- und Muttergottheit spiegeln und an sie anschließen möchten. In dieser Frühzeit der Lebensbiographie wird der Grund gelegt für die spätere Arbeit des Menschen an seinen Leibeshüllen.

Die vierte Stufe, das Sakrament des Abendmahls offenbart die eigentliche Welt des göttlichen Sohnes. Das Abendmahl ist die Kommunion des menschlichen Ichs mit dem Christus-Ich im Leib (dem Brot) und in der Seele (dem Wein). Im Herzen geschieht schließlich die Gotteinigung des Menschen-Ich mit dem Gottes-Ich des göttlichen Sohnes. Eine Ich-Begegnung gleicht einer Speisung mit den Kräften des Irdischen und des Himmlischen, denn das Ich ist Mittler zwischen den Welten, den stofflichen und den geistigen.

Das Ehesakrament und die weiteren oberen Stufen beziehungsweise Chakren gehören in die Sphäre des Heiligen Geistes. Das Ehesakrament weist über das menschliche Ich hinaus. Daher bildet es die Tür zum lebendigen Geist oder mit anderen Worten, zum Manasprinzip, dem Geistselbst des Menschen. In diesem Manasbewusstsein erkennen wir erst den Partner als ein Geistwesen. Die Ehe will die Seele, will den Astralleib zum Geistselbst, zum höheren Ich hin wandeln. Sie spiegelt zunächst die rote, die irdische Seite des Lebens. Auf die symbolischen Farbenzuordnungen werde ich am Ende dieses Kapitels noch einmal detaillierter eingehen.

Die Priesterweihe als sechstes Sakrament setzt im Endeffekt einen Ausgleich der geschlechtlichen Kräfte in der Seele voraus. Daher ist die Ehe vorangestellt.

Die Stufe der Priesterweihe wird durch eine Opferung, Läuterung und Wandlung der Triebkräfte erreicht. Aus dem gereinigten und erlösten Ätherleib wird der Lebensgeist frei. Der Lebensgeist des Christus lenkt fortan die Lebenskräfte von Innen her.

Die Priesterweihe ist aber nicht auf den Beruf des Priesters beschränkt. In jedem Beruf, wie auch in der Familie können wir zu unserer geistigen Berufung hinfinden. Jegliches Handeln kann zu einem priesterlichen Wirken gereichen. Der „Priester" wird letztlich von Christus eingesetzt. Er muss von ihm gerufen worden sein. Dafür gibt es die unterschiedlichsten Möglichkeiten, zum Beispiel im Durchstehen von Krankheiten und Schicksalsschlägen oder auch innerhalb einer geistigen Schulung. Danach kann der Mensch erst richtig aus dem Geiste heraus wirken. Ein theologisch ausgebildeter Pfarrer muss in seiner inneren Entwicklung nicht unbedingt so weit sein, dass er auch ein Priester im eigentlich christlichen Sinne ist. Das zeigt sich ja auch in einigen Biographien manch geistlicher Würdenträger.

Priester sein ist somit eine Berufung, die wir vor allem erfahren können, wenn unser Doppelgänger, wenn unser „dunkler Bruder" in uns erkannt und gewandelt worden ist. Deshalb dürfen wir auch nicht allein zur Priesterweihe kommen. Zusammen mit dem erlösten „dunklen" Bruder, der erlösten „dunklen" Schwester, dem Klingsor beziehungsweise der Kundry in sich selbst, wird auch die „schwarze Seite" des Lebens dem Göttlichen hingegeben. Nur durch den Verzicht auf persönliche Macht und ein persönliches Opfer reifen wir allmählich zu einer geistigen Autorität heran.

In der Berufungsaufgabe wachsen wir allmählich zum Sakrament der Priesterweihe heran. Unsere Selbstgerechtigkeit ist darin aufzugeben und das „Ego", das niedere, das selbstische Ich ist zu überwinden. Wir werden dadurch erst zum Lehrer und Sinngeber für andere.

Selbstverständlich ist die Priesterweihe nicht geschlechtsbezogen; oftmals tun sich Frauen sogar leichter damit, ihre abgründigen und niederen Kräfte beherrschen und wandeln zu lernen. Eine kirchliche und damit eine menschengemachte Weihe ohne geistige Öffnungen und Einweihungen reicht vielleicht für den Beruf des Pfarrers, aber nicht für eine Priesterweihe, die den Menschen zum Berufenen für ein göttliches Handeln in der irdischen Welt erwählt.

Erst dann wird der Weg frei zum letzten Tor, zum Tor des Todes und der Auferstehung. Das Sakrament der letzten Ölung will den Sterbenden in die Sphäre des Nachtodlichen und der Auferstehung einführen. Der Auferstehungsimpuls, das Atmanprinzip wird beim Todesübergang geheiligt. Die Erde als Ganzes erhält in diesem Sakrament ihre jungfräulichen, reinen Geisteskräfte zurück, denn die durchchristeten Leiber der Menschen sind nach deren Tod ein „Jungbrunnen" für die Erde, sie nähren und verjüngen sie.

Eine neue Erde ist das Ziel der Schöpfung. Durch den geweihten Menschen offenbart sich das Göttliche und hilft damit, die Erde selbst zu befreien und zu erlösen.

Der Vollzug des Sakramentes von Tod und Auferstehung innerhalb des irdischen Lebens gleicht einer Einweihung - in der Farbe Weiß. Der Tod muss durchschritten sein, bevor der Geist im Menschen den Geist im Kosmos erfährt, wie zum Beispiel in früheren Zeiten im sogenannten Tempelschlaf. Die Stufen der vorherigen Sakramente dienten als Vorbereitung für eine Initiation und waren der Weg zum Erreichen eines priesterköniglichen Wirkens in und für die Welt.

Natürlich ist das ein sehr langer Weg. In jeder Kulturepoche wird menschheitlich gesehen eine Stufe dahin angelegt und beschritten. Heute sind wir als Menschheit am Übergang von der fünften zur sechsten Stufe, also vom Ehesakrament zum Sakrament der Priesterweihe, zumindest in den ersten Anfängen. Wenn wir nur einmal betrachten, wie umkämpft unsere Ehen heute noch sind, kann die Wichtigkeit dieser Schwelle etwas erahnt werden. Denn noch ist die Ehe in den wenigsten Fällen das, was sie geistig sein könnte: ein gemeinsamer spiritueller Weg, der in das Göttliche führt.

Sicherlich werden in späteren Zeiten die einzelnen Stufen auf noch höheren Ebenen, also mit einem höheren Niveau gelebt werden müssen. Immer aber ist es die Siebenheit, die durch die Zeiten führt. In der Apokalypse des Johannes sind diese geistigen Stufen der Menschheitsentwicklung bis in ferne Zeiten hinein beschrieben, ja bis zum Neuen Jerusalem, der neuen Erde in einer ihrer zukünftigen planetarischen Inkarnationen.

Die sieben Sendschreiben an die Gemeinden beschreiben in der Johannes-Offenbarung unsere nachatlantischen Kulturepochen, so wie dies in der nachfolgenden Anführung sichtbar werden kann.

Das Öffnen der sieben Siegel wird erst richtig in einer fernen Zeit, eben auf der Jupiter-Erde, dem Neuen Jerusalem, vollzogen werden. Heute wirken diese Siegelkräfte noch keimhaft im Ausbilden eines lebendigen und anschauenden Denkens, so wie entsprechend die Posaunen dem Wandeln unseres Fühlens zu einem geistigen Hören hinführen und die Zornesschalen den menschlichen Willen mit dem Gotteswillen einen möchten.

Die Siegel - das Weisheitslicht des heiligen Geistes erlöst das gefallene Denken - Weiß.

Die Posaunen - das Liebeslicht des Sohnes erlöst das Fühlen aus den egozentrischen Leidenschaften - Rot.

Die Zornesschalen - der göttliche Vaterwille erlöst den Willen aus der Finsternis der Materie - Schwarz.

Denken, Fühlen und Wollen, die ganze Seele des Menschen ist darin angesprochen und will gewandelt sein.

Die alten Inder kannten diese seelischen Attribute in den drei Farben sehr genau und beschrieben sie mit dem Tamas-, dem Rajas- und dem Sattwa-Pfad. Ein Leben im Licht, nicht in der Dumpfheit, eine Leben in der Liebe, nicht in der Leidenschaft und ein Leben im göttlichen Lebenswillen, in der Reinheit der Seele und nicht in der Selbstsucht, ist das letztliche Ziel.

Folgende Aufstellung soll das hier Gesagte verdeutlichen.

Die Siebenheit im christlichen Leben:

Chakra	Sakrament	Planet	Gemeinde	Wesensglied	Christuswort
7	letzte Ölung (Verkündigung, Offenbarung)	♄	Laodizea ca. 4000 - 6000 n.Chr.	Atman	Ich bin die Auferstehung und das Leben
6	Priesterweihe (Opferung, Katharsis)	♃	Philadelphia 2000 – 4000 n.Chr.	Buddhi	Ich bin das Licht der Welt
5	Ehe (Wandlung)	♂	Sardes ca 0 -2000 n.Chr.	Manas	Ich bin die Tür
4	Abendmahl (Kommunion)	☉	Thyatira 2000 v.Chr. - 0	Ich	Ich bin das Brot des Lebens
3	Beichte (Wandlung)	♀	Pergamon ca 4000 - 2000 v.Chr.	Astralleib 3.Jahrsiebt	Ich bin der Weg, die Wahrheit und das Leben
2	Firmung (Opferung)	☿	Smyrna ca 6000 - 4000 v.Chr.	Ätherleib 2.Jahrsiebt	Ich bin der gute Hirte
1	Taufe (Verkündigung)	☽	Ephesus ca 8000 - 6000 v.Chr.	phys. Leib 1. Jahrsiebt	Ich bin der Weinstock und ihr seid die Reben

Die Ebenen 1 - 4 entsprechen einem mehr natürlichen oder vorgegebenen christlich-sakramentalen Kultus in der menschlichen Entwicklung, die Ebenen 5 -7 verlangen vor allem einen ichhaft gewollten sakramentalen Kultus, wobei natürlich auch viele Ehen mehr aus einer Tradition heraus geschlossen werden, als in der Bejahung eines sakramentalen Weges, den das Paar gemeinsam beschreiten will.

Im Sakrament der Taufe neigt sich der Geist in die physische Leiblichkeit. Im Sakrament der Ölung soll sich die Seele ganz dem göttlichen Geiste hinneigen. Dazwischen offenbaren sich Stationen des irdischen Lebens, die durch die Sakramente geistdurchtränkt und gesegnet werden.

Die Sakramente sind Gnadengaben des Himmels an uns Menschen. Sie wurden durch Christus auf der Erde eingeführt. Der Mensch kann sich mit Hilfe der Sakramente dem Himmel nähern und diesen im Irdischen, im Leben verankern.

Ein geistiger Schulungsweg auf der Erde, der die Qualitäten des Irdischen berücksichtigt und vom Irdischen zum Himmlischen strebt, geschieht zunächst in vier Stufen. Diese vier Stufen werden im Sakramentalismus natürlicherweise im Leben in einer christlichen Kultur, also durch die konfessionellen Kirchen in den vier unteren Sakramenten beschritten. Ein ichhaft geführter, geistiger Schulungsweg, der die Sakramente einbezieht, beginnt folglich auf der vierten Ebene, dem Abendmahl, von wo aus nun die drei oberen Stufen im individuellen Leben auf der Erde beschritten werden können. Diese Stufen dienen im christlichen Kultus, also auch im Gottesdienst, als innere Struktur und für den rituellen Ablauf.

Diese vier Stufen einer kultischen Handlung lauten:

1. Die Verkündigung (die Offenbarung) des Geistigen, zum Beispiel in religiösen oder geisteswissenschaftlichen Texten, in persönlichen Unterweisungen und ähnlichem.
Die Ebene der Erde als Element und analog, die der Sendschreiben, beschreibt die irdische Wirklichkeit aus einer geistigen Sicht. Therapeutisch wäre dies die Ebene der Anamnese und Diagnose.
2. Die Opferung (die Läuterung, Katharsis). In der Apokalypse

werden die Opfer zum Beispiel in den sieben Siegeln für die jeweiligen Kulturen angegeben. In den Elementen spiegelt das Wasser die Läuterung und die Katharsis. Nach der Diagnose soll ein Verzicht von alten krankmachenden Einstellungen erfolgen.

3. Die Wandlung (die Erleuchtung): Die letzten Siegel und die Posaunen rufen zur Wandlung. Das Element Luft bringt Veränderungen und will hin zu neuen Erkenntnissen gereichen. Die Wandlung soll zu Erleuchtungen hinführen. Die Seele wird vom Licht des Geistes und in der Selbsterkenntnis erleuchtet. Neue Lebenseinstellungen wollen daraus erwachsen.

4. Die Kommunion (die Gotteinigung): Die Zornesschalen in der Apokalypse weisen in das Element des Feuers und des Willens hinein. Eine Einweihung in das Leben Gottes will und kann sich ereignen. Das zuvor Erkannte soll zu einem neuen Lebensprinzip heranreifen. Eine Heilung geschieht.

Zudem können wir die vierfache Geiststruktur im Irdischen mit den sieben Stufen des Himmlischen beziehungsweise des Planetarischen zusammenbringen. Daraus ergeben sich vier grundlegende Geisteswege, so wie sie auch in der geschichtlichen Entwicklung im christlichen Geistesleben hervorgegangen sind.
Diese Zusammenstellung soll hier nur noch stichwortartig erfolgen, da die einzelnen Wege schon in früheren Schriften von mir näher beschrieben sind.
So finden wir vom sakramentalen Kultus, also von der Taufe bis zum Abendmahl ausgehend, den vom Menschen-Ich weitergeführten sakramentalen Kultus - den sogenannten Mondenweg, der ichhaft im Herzen beginnt:

Chakra 7: Ölung - Offenbarung
Chakra 6: Priesterweihe - Opferung
Chakra 5: Ehe - Wandlung
Chakra 4: Kommunion - Christuswort im Herzen

Den Beginn des ichhaft sakramentalen Kultus stellt die Gotteinigung im Herzen durch eine religiöse Haltung, durch den inneren,
den mystischen Weg, zum Beispiel beim und durch das Abendmahl. Eine Wandlung geschieht vor allem in der Ehe und in den
sozialen, zwischenmenschlichen Aufgaben. Die Priesterweihe erfordert ein Opfer des Eigenwillens, zum Beispiel für die Berufung
im Leben. Die letzte Ölung beziehungsweise das innere Sterben
schafft dann die Grundlage für eine neue Offenbarung im
außerirdischen, im nachtodlichen Initiationsbereich und weist in
eine Einweihung hinein. Ichhaft ist dabei die Todesschwelle zu
durchschreiten.

Der sogenannte umgekehrte Kultus, der Saturnweg, beginnt dagegen im Haupt und strebt zum Herzen und von da in die Welt.

Der umgekehrte Kultus – der sogenannte Saturnweg, der ichhaft
von oben beginnt:

Chakra:

7 Verkündigung - Das Hauptesdenken, das Erkennen soll
   zum Herzen sprechen.

6 Priestersein - Alte Vorstellungen aufgeben, Katharsis der
   Seele, Opferung. Neue Lebensgrundlagen erschaffen aus
   der Erkenntnis des Wahren und Guten.

5 Wandlung - Die Gemeinschaft zeigt unsere Schatten.
   Erkenntnis der eigenen Abgründe und deren Wandlung
   führt zur Erleuchtung hin.

4 Kommunion - Gotteinigung und Welteinigung. Das Ich
   und das Du sind eins in Gott. Eine Herzenserkenntnis führt
   zum Liebewirken in der Welt.

Der umgekehrte Kultus wird manchmal auch als der rosenkreu-
zerische Einweihungsweg beschrieben. Er erfasst alle sieben Stufen, vom denkerischen Studium beginnend über die Imagination,
Inspiration und Intuition und findet beim weiteren Abstieg in die
Erde beziehungsweise in die Leiblichkeit hinein die höheren See-
lenfähigkeiten für eine Einigung mit den geistigen, mit den
makrokosmischen Welten.

Von der Stufe 7 bis zur Stufe 1 entspricht dieser Rosenkreuzerweg dem umgekehrten Kultus, wie er zum Beispiel in meiner Schrift: „Auf dem Weg zum Gral" beschrieben ist oder von Rudolf Steiner in vielen seiner Werke angeführt wurde.

Das christliche Geistesleben kennt zu diesem sakramentalen und umgekehrten Kultus noch den kosmischen Kultus und den christlichen Einweihungsweg.

Der kosmische Kultus ist durch den christlichen Jahreslauf bestimmt. In den Jahresfesten Weihnachten, Passion, Ostern, Himmelfahrt, Pfingsten, Johanni und Michaeli sind ebenfalls sieben Stufen vorgegeben. Die ersten fünf Stufen sind von Christus eingeführt. Johanni und Michaeli stellen Jahresfeste dar, die von den Menschen selbst gestaltet werden wollen.

Der christliche Einweihungsweg kennt zudem sieben Stufen von der Passion bis zur Auferstehung, die da lauten: Fußwaschung, Geißelung, Dornenkrönung, Kreuztragen und Kreuzigung, Grablegung und Höllenfahrt, Auferstehung und zuletzt die Himmelfahrt. Dieser Weg ist wiederum in der Schrift: „Auf dem Weg zum Gral" näher ausgeführt.

Vier christliche Wege des Geistes auf der Erde bilden schließlich eine Ganzheit. Diese Aufzählung möchte vor allem eine zusammenführende Übersicht bilden. Geisteswege sind nicht nur dazu da, ins Himmlische zu streben. Sie wollen Himmelskräfte und Erdenqualitäten so zusammenbringen, dass etwas Neues, dass eine neue Welt ersteht.

Der Ich-Weg - Umgekehrter Kultus - Rosenkreuzerweg - Feuer - Geist - vom Menschen zum Kosmos.

Der christliche Einweihungsweg - von der Erde zum Kosmos - Luft - Seele

Der kosmische Kultus - Jahreslauf - vom Kosmos zur Erde - Wasser - Äther

Der kulturell-religiöse Weg - Sakramente - vom Kosmos zum Menschen - Erde - Leib

Diese obigen Gedanken über die Verbindungen des Irdischen mit dem Geistigen sollen letztlich in ein praktisches Alltagsleben einführen; ansonsten bliebe doch alles wiederum nur Theorie. So will ich zum Abschluss dieses Kapitels noch einige Möglichkeiten anführen, wie diese himmlisch-irdischen Seelen- und Geistverbindungen in einem Menschenleben angegangen werden können. Ich kann hier wiederum nur Grundlagen ansprechen, da die praktischen Ausgestaltungen im realen Leben individuell angewandt werden müssen.

In einigen früheren Schriften von mir wurde schon des öfteren die Welt in den symbolischen Farben Rot, Schwarz und Weiß beschrieben. Diese archetypische Dreiheit durchzieht das ganze All und soll hier zunächst für die menschliche Seele aufgezeigt werden.

Die rote Seite der Seele zeigt den Königsweg, das königliche Element und dies vor allem in der irdischen Betätigung. Die rote, die sinnliche Ebene ist vital, lebensfroh, fruchtbar und königlich. Im Sakrament der Ehe findet die menschliche Seele das beste Betätigungsfeld für ein Leben und Wandeln dieser roten Ebene. Als archetypische Repräsentanten wären hier die Figuren der Papagena und des Papageno aus der Zauberflöte anzuführen. Die rote Ebene entspricht dem Prinzip des Werdens.

Die schwarze Seite der Seele beschreitet letztlich einen priesterlichen Weg und findet im Sakrament der Priesterweihe ihre Erlösung und Heilung. Die schwarze seelische Ebene wird durch eine Läuterung und Katharsis bestimmt. Der triebhaft, leidenschaftliche Bereich der Seele soll sich in eine mitfühlende und dienende innere Haltung wandeln können. Das Prinzip der schwarzen Seite zeigt zunächst das Vergehen. Doch in diesem Läutern und Sterben wird Wandlung sein: vom Schwarz zum Blau des Dienens und der Hingabe. Hier vollzieht sich in den zwischenmenschlichen Begegnungen auch die Arbeit am eigenen Schatten. Sarastro und die Königin der Nacht weisen archetypisch in diesen Bereich hinein.

Dieser priesterliche Weg ist heute für alle Menschen vorgesehen, nicht nur für die, die den Priesterberuf erwählen. Die Arbeit an unserem „dunklen Bruder" lässt erst allmählich, dann aber wirklich die lichten Seelenbereiche in uns erhellen.

Im Sakrament der letzten Ölung, der Ebene von Tod und Auferstehung, öffnet sich die weiße Seite der Seele, ein neues Priester-königtum will erstehen. Das Prinzip des Erstehens, eines Neu-werdens führt die Seele zum Geist.

Die weiße, die geistige Ebene der Seele soll rein und lichtvoll sein. Die Seele wird zur Braut und empfängt den himmlischen Bräutigam, den lebendigen Geist. Pamina und Tamino stehen archetypisch für die Möglichkeit eines neuen Priesterkönigtums. Sie sind zumindest auf dem Weg dorthin.

Zusammenfassend können wir sagen, dass die rote Ebene, das Rot den irdischen Liebesweg darstellt. Der Weg des Schwarzen will zur erkennenden Weisheit hinführen und das Weiß im Seelensein deutet letztlich auf einen geistigen Liebesweg hin, der nicht mehr personenhaft zentriert ist, sondern der das All und Alles mit ein-schließen kann.

Die Dreiheit der roten, schwarzen und weißen Seinsebenen und Wirkensbereiche durchziehen alle Lebensgebiete, nicht nur die des Seelischen. Auch im Leiblichen und im Geistigen selbst finden sich diese Wirkprinzipien des Werdens (Rot), des Verge-hens (Schwarz) und des Erstehens (Weiß).

So will ich schließlich diese Dreiheit hier noch auf das Gebiet des Leiblichen anwenden, denn oftmals wird das Leibliche und da vor allem das Sexuelle, von einem „spirituellen" Gesichtspunkt aus gesehen, als etwas Minderwertiges, Unreines oder Tierisches be-trachtet. Es können und dürfen in einer Partnerschaft aber durchaus alle Ebenen gelebt und dann auch geheiligt werden.

In der roten Ebene einer Partnerschaft zählt natürlich am vorder-gründigsten die leibliche Verbindung. Die Lebenserhaltung und Lebensvermehrung ist nur ein Stichwort dafür.

Die schwarze Ebene einer Partnerschaft muss jedoch die trieb-haften und launenhaften Energien beherrschen, wandeln und veredeln und soll schließlich in eine seelische Verbundenheit und Liebe einmünden können.

Die geistige, die weiße Ebene hat die geistige Liebe, die Agape zum Ziel. Wir finden uns erst wirklich und gemeinsam, also in unserem höheren Wesen, in der Gottesliebe.

Diese drei Ebenen spiegeln sich selbst wiederum auf jeder Ebene.

Auch im Leiblichen ist diese Dreiheit als eine Entwicklungsmöglichkeit vorhanden. Dazu wähle ich hier ein Beispiel, das zunächst ein körperliches Phänomen darstellt, nämlich den Orgasmus.

Ein Orgasmus ist ein leiblich kraftvolles und erotisches Ereignis, das uns Lust und Befriedigung verschaffen kann. Er beruht auf einem natürlichen Vorgang des Spannungserzeugenden und des Stimulierenden. Daraus erwächst eine leiblich-energetische Aufladung. Heute gibt es ja die zahlreichsten Techniken und Mittel, um diesen Lustgewinn noch steigern und perfektionieren zu können. Normalerweise erfolgt beim Orgasmus eine Entladung und darauf hin eine Entspannung, was vor allem für den Mann zutrifft. Wenn nicht eine Technik der Verlängerung oder des Verzichts auf den Orgasmus beim Liebesspiel erlernt wurde, fällt der Mann von seinem „Höhepunkt" recht steil auf die Niederungen des allzu Weltlichen zurück. Vom Rot zum Schwarz, vom Werden zum Vergehen ist hier oftmals das Ergebnis. Ein seelischer Liebesreigen kann hier jedoch eine Wandlung herbeiführen.

Eine innere Verbundenheit und Vertrautheit mit dem Partner kann nun auf der seelischen Ebene dazu führen, eine Art seelischen „Orgasmus" zu erleben. Dies wird um so eher möglich, wenn wir uns ganz in eine Sphäre der zwischenmenschlichen Wärme und Zuneigung einlassen können. Eine innere Freude und Beglückung ist das Resultat einer solchen seelischen Vereinigung.

Die geistige Ebene in einem Liebesakt wird gefunden, wenn wir durch den persönlichen Partner eine Liebekraft in uns entdecken, die zu einer kosmischen Einheit hinstreben will, die also über das Persönliche in Geistig-Wesenhaftes einführen kann. In einer Allverbundenheit findet sich das Paar eingebettet in die Gottesliebe. Glückseligkeit ist der Zustand eines solchen Reigens. Die alten Inder nannten dieses Erlebnis wohl Samadhi.

Ja, Lust, Freude und Glückseligkeit sind die Attribute und Möglichkeiten in einem leiblichen, seelischen und geistigen Beieinander- und Ineinandersein. So kann auch ein ganzheitlicher „Orgasmus", der nicht nur die leibliche Ebene umfasst, immer feiner, subtiler, wärmer, auflösender, entspannender, weiter und tiefer erlebt werden, der uns stärkt und nicht nur leer machen will, wenn er eben auch das Leiblich-Seelische und das Geistige, sogar das Göttliche umfassen kann.

Heute besteht bei vielen Zeitgenossen die Gefahr, das Sexuelle nur noch im leiblichen Ausagieren zu suchen. Damit gerät man aber recht bald an einen dämonischen Abgrund heran, wenn man sich zu sehr und einseitig dem Körperlichen ausliefert, der einen seelisch gefangen nimmt und allmählich krank machen kann. Zumindest gehen dadurch Lebenskräfte verloren und mit der Zeit benötigt man immer neue Reize und immer stärkere Stimulanzien, um die Lust noch steigern zu können. Sexisten werden aber so die seelischen und geistigen Ebenen der Freude und der Glückseligkeit niemals finden können. Und die Lust schafft irgendwann das Leid, das ist in der Welt der Dualität einfach vorgegeben.

Das Leibliche kann in einer seelischen und geistigen „Vervollkommnung" aufgehen und sich darin veredeln. Der Partner wird somit zur Tür für und in den großen und umfassenden Geist. Der lebendige Geist, die Gottesliebe will ja schließlich bis in den Leib wandelnd und erlösend einwirken. Natürlicherweise müssen dabei auch die Gesetze und Bedürfnisse des Leibes beachtet und geschult werden.

Geist und Leib, Himmel und Erde, Mann und Frau wollen und sollen zusammenkommen. In der menschlichen Seele geschieht in der Annahme und in der Liebe zum und für den Anderen und Andersartigen ein Ausgleich und allmählich eine Vereinigung. So wird die menschliche Beziehung zu einem sakralen Ort der Speisung, dem Austausch von Lebenskräften und zur Brücke für den Geist des Himmels, der im Menschenleib eine Wohn- und Wirkensstätte erfährt.

In der Liebe und in der Achtung vor dem Nächsten, vor der Erde und vor sich selbst, eröffnet sich eine neue Welt, es ersteht in uns die Welt des heilenden und heiligen Geistes, der in uns den Himmel zum klingen bringen will.

Heilung

In einer Zeit, in der das Gesundheitswesen zu einem gewaltigen Apparat aufgebläht ist, der oftmals mehr von wirtschaftlichen Interessen durchzogen ist, als dem Willen, die Gesundheit der Menschen zu fördern, scheint es um so wichtiger zu sein, sich Gedanken darüber zu machen, was eigentlich eine Heilung beziehungsweise ein Heilsein bedeutet.

Nach meiner Ansicht wird die Zukunft der Erde vom Heil des Menschen abhängen und das Heil des Menschen wird auch von der Beziehung zur Erde mitbestimmt sein. Somit ist es eine Notwendigkeit, wenn wir die Erde heilen wollen, den Menschen in seinem Heilsein beziehungsweise in seinem Heilwerden mit einzubeziehen.

In der früheren Geschichte der Menschheit war das Heilen ursprünglich eine Aufgabe der Priesterschaft in den Tempeln oder der Schamanen und Medizinmänner bei den indigenen Völkern, die ebenfalls eine priesterlich-sakrale Funktion ausübten. Erst in der neueren Menschheitsgeschichte wurde die Gesundheit und das Kurieren von Krankheiten den Ärzten unterstellt. So unterscheide ich hier auch zwischen dem Heilen und dem Gesundmachen.

Das Heilen ist eine geistige Tätigkeit, gehört also in den Bereich des Geisteslebens. Das Gesundmachen oder Gesunderhalten, wie die Pflege des Körpers und das Harmonieren des Seelischen mit bestimmten, meist psychologischen Methoden, ist eine Dienstleistung und gehört somit in das Wirtschaftsleben hinein.

Der Arzt, wie auch das gesamte Gesundheitswesen, dient letztlich dem „Gesundmachen", manchmal auch nur dem Reparieren und dem Lindern von Schmerzen und Gebrechen, das heißt, es wird dahingehend gewirkt, den Menschen wieder funktionsfähig und damit auch arbeits- und sozialfähig zu machen. Das Gesundmachen spielt sich dabei vor allem auf der leiblichen Ebene ab, obwohl es natürlich auch im Psychologischen und Psychiatrischen viele Methoden und Mittel gibt, um die Seele ruhig zu stellen oder anpassungsfähig zu machen. Die sehr aufwendige Apparatemedizin gleicht dann eher einer Reparaturstätte für körperliche Leiden, wobei der innere Mensch dabei des öfteren auf der Strecke bleibt. Aber auch mit alternativer Medizin wird manchmal nur das Symptom behandelt oder so, damit der Mensch beziehungsweise sein leiblich-ätherisches Gefüge wieder funktioniert, der tiefere Sinn einer Krankheit leider aber auch nicht immer erfasst wird. Alle Techniken, die eine Manipulation des Körpergeschehens bewirken, ohne die tieferen Fragen des Menschseins einzubeziehen, gehören, wie zumeist auch die Apparatemedizin, in die Ebene des Gesundmachens. Dazu zähle ich auch Methoden wie zum Beispiel die Akupunktur oder psychologische Therapien, die vorgeben, die Seele heilen zu können, letztlich aber nur zu einem guten Funktionieren des Menschen beitragen, wie die Verhaltenstherapie oder das NLP, wo zumeist ein feiner Egoismus nur das Ziel hat, fit und erfolgreich zu sein, also das, was man für gesund hält, den sogenannten „Life-Style" des modernen Lebens mit all den „Wellness" Programmen für den Körper, die Seele und den Geist.

Das Heilen war und ist eine priesterliche Tätigkeit, die die Verbindung des Menschen zum Ganzen erstrebt. Heilsein heißt dann auch vom Wortstamm her: Heilig sein. Und dieses Heilige ist ja vor allem auf der seelisch-geistigen Ebene zu erfahren. Sicherlich gilt es in einem ganzheitlichen Sinne, auch den Körper zu heilen und ihn nicht nur gesund zu machen. Eine Symptombehandlung oder ein Ausgleichen und Harmonisieren der Energieströme genügt für eine ganzheitliche Betrachtungsweise für ein Heilwerden eben noch nicht.

Heilen heißt folglich auch, die gesamte Lebenseinstellung zu verändern. Dies schließt immer eine Bewusstseinsentwicklung mit ein. Wir brauchen unsere Vernunft und einen gesunden Menschenverstand, also eine gesunde Ratio, als Ausgangspunkt und natürlich den Willen, Heil zu werden. Das genügt im Allgemeinen schon, um unsere seelischen Mängel erkennen und dann vielleicht auch ausgleichen zu können. Letztlich geschieht eine Heilung nie ohne die Arbeit am eigenen Charakter, also ohne Schattenarbeit.

Oftmals wird heute in psycholgischen und esoterischen Schulen der Blick auf die Vergangenheit gelenkt, um die Ursachen für jetzige Übel zu finden. Meines Erachtens ist es aber mindestens genauso wichtig, die Gegenwart anzuschauen. Denn die Vergangenheit können wir nicht mehr ändern. Sicherlich sind vergangene Verfehlungen auch wieder gut zu machen. Ein Verzeihen- und Vergebenkönnen muss aber im Heute geschehen. Und dann dürfen die alten Wunden vergessen werden. Dadurch erst wird Zukunft veranlagt, Raum geschaffen für Neues.

In der Gegenwart sind wir frei und wir haben hier die Möglichkeit, unser Schicksal anzunehmen, es als einen Teil von uns selbst zu betrachten. Ja, wir sind unser Schicksal und können es umwandeln dahin, dass es immer mehr mit dem Weltganzen in eine Übereinstimmung gelangt. Das ist Karma-Arbeit. Die Arbeit am Schicksalsgesetz, am Gesetz des Karma soll letztendlich dazu führen, dass wir alles, was wir tun, im Sinne und zum Wohle des Ganzen und dies in freiwilliger und tätiger Liebe leben können.

Somit kann recht leicht ersichtlich werden, dass eine Heilung alle Ebenen des menschlichen Seins umfassen will. Eine Heilung geschieht, wenn diese Ebenen alle vom Ich her integriert sind. Die Ebenen des Menschseins lauten wie folgend:

Die physische Leiblichkeit:

Hier gilt es zunächst, auf unseren Körper zu hören, ihn in seinen Äußerungen wahrzunehmen und zu achten. Schmerzen, Blockaden und Einschränkungen sind Ausdrucksmittel der Weisheit unseres Körpers.

Wo sind Mängel entstanden, zum Beispiel durch eine schädigende Nahrung oder Lebensweise, durch Bewegungs- und Schlafmangel und dergleichen mehr?

Aber auch moralische Qualitäten spiegeln sich bis in die leibliche Ebene hinein. Die geistigen Kräfte des Tierkreises bilden, okkult betrachtet, die innere Strukturen der Leiblichkeit aus. Was den physischen Leib betrifft, sind dies vor allem die moralischen Qualitäten aus den Erdzeichen, die unsere Gesundheit beziehungsweise unsere Heilung beeinflussen. Sie stützen den Leib von innen her.

Das Tierkreiszeichen Stier fördert eine gesunde Sinnlichkeit und einen vitalen Naturbezug. Jungfrauqualitäten wollen das Einfügen und den Dienst des Einzelnen im gesellschaftlichen Leben herbeiführen, zum Beispiel in der Arbeitswelt mit und an der Erde. Der Steinbock will die Verantwortung für unser Tun impulsieren. Wir sollen uns auf das Wesentliche konzentrieren und mit gesundem Menschenverstand ein Bewusstsein für die irdischen Notwendigkeiten erringen.

Auf den ersten Blick haben moralische Qualitäten vielleicht nicht viel mit der Gesundheit des Leibes zu tun. Eine Lebenshaltung, die aber immer nur nehmen will, schadet letztlich nicht nur der Erde, sondern auch dem Leib, dem längerfristig gesehen ein „Zuviel" genauso wie ein „Zuwenig" nicht zuträglich sein kann.

Zusätzlich muss man hier natürlich auch die karmische Konstitution und Disposition des Leiblichen berücksichtigen, das, was aus den früheren Leben entstammt und im Hier und Heute ausgetragen werden soll.

<u>Die ätherische Ebene - der Lebensleib</u>:
Hier ist der eigentliche Quell der Gesundheit zu finden. Durch eine rhythmische, humorvolle, positive und „leichte" Lebensweise stärken wir die Kräfte des Ätherleibes. Da kann zum Beispiel auch die Akupunktur sehr hilfreich sein, um blockierte Energien wieder in Fluß bringen zu können. Andere Methoden wie die Cranio-Sakral Therapie, die ja den Rhythmus der Hirn- und Gewebeflüssigkeit beeinflusst oder vielfältige Formen der Energiemedizin, wie die Chakrenarbeit, die Homöopathie und das künstlerische Schaffen und Gestalten impulsieren ebenfalls unseren Energieleib.

Die Arbeit an unseren Temperamenten, Gewohnheiten und Neigungen gehört zu einer ganzheitlichen Methode auf dieser Ebene mit hinzu.

Moralische Qualitäten aus den Wasser-Tierkreiszeichen harmonisieren unser Leben. Wasserzeichen wollen unsere Emotionen und Triebe lenken, läutern und reinigen. Dann kann erst der Lebensquell in uns zum sprudeln kommen.

Das Tierkreiszeichen Krebs will in uns ein Lebensgefühl der Geborgenheit und des Angenommenseins erschaffen. Wir dürfen in uns den Quell des Lebens erspüren lernen. Skorpionkräfte wollen unsere Begierden und Leidenschaften wandeln. Es geht darum, unsere Triebhaftigkeit selber, das heißt, selbstbestimmt lenken zu lernen. Wir dürfen nicht mehr Opfer oder Manipulierte unserer Triebwelten bleiben. Es gilt, Herr im eigenen Leben zu werden! Das besagt der Spruch: Machet Euch die Erde (den Leib) untertan. Das Natürliche soll uns nicht beherrschen. Wir dürfen und müssen es aber auch nicht verdrängen, negieren oder schädigen. Das Natürliche soll geheilt sein. Im Fischezeichen ist eine Durchdringung und Einigung mit dem gesamten Kosmos angesagt. Eine innere Verbundenheit mit den Kräften und Wesen des Alls ersteht in einer hingebungs- und liebevollen Haltung.

Die seelische Ebene:
Sie wird gebildet durch unsere Gefühle, Empfindungen, unsere Wünsche und Träume, durch Lust und Unlust, durch Ängste und Begierden. Eine Heilung dieser Ebene geschieht vor allem durch eine Katharsis, wobei das Ego, der Eigenwille überwunden werden soll und zwar in die Richtung einer Uneigennützigkeit, also zum Wohle des Ganzen hin. Dazu braucht es in der Seele die Kräfte der Demut, der Milde, der Güte, der Reinheit und der Liebe.

Die Luftzeichen im Tierkreis schaffen dafür eine Voraussetzung, denn sie wollen mit dem Gedankenleben die Seele durchdringen, auch die seelischen Abgründe.

In den Zwillingen wird ein logisches und intellektuelles Verständnis gefördert. Begegnungen und die Fähigkeit zu einer sachlichen Kommunikation schaffen die Grundlage für eine Lernfähigkeit, die das Leben als ein Erfahrungsfeld begreift. In den Waagequalitäten wird die Zuneigung, das Harmoniestreben und die Sozialität gefördert. Die Wassermannkräfte impulsieren unseren Erfindungsreichtum und einen Veränderungswillen, denn die Seele möchte schließlich wachsen und sich erweitern. Neue Ideen und Impulse befruchten das Menschenleben - hin zu einem individuellen und freiheitlichen Sein.

Die geistige Ebene:
Hier soll eine Heilung der Ich-Qualitäten geschehen. Dazu müssen wir uns erst einmal als freies, selbstbestimmtes und mündiges

Individualwesen wollen und bejahen. Denn jeder Mensch hat die Potenz zur Einzigartigkeit in sich. Eine Ich-Kränkung und Ich-Schwächung geschieht vor allem durch eine einseitige Weltsucht oder Weltflucht.

Das Ich erfährt sich als innerstes Zentrum, aber auch in der Peripherie. Im Zentrum ist das Ich Person, in der Peripherie ist es unser Schicksal, das die Welt, das „Außen-Ich" zu uns bringt. Dieses Schicksal, dieses Außen-Ich bin letztlich auch ich, denn das Schicksal ist Teil meiner selbst. So gilt es, nicht nur die Person als zu mir gehörend zu betrachten, sondern auch das Schicksal anzunehmen und es bestmöglich zu integrieren.

Das Ich lebt im Hier und Jetzt. Der Vergangenheitsstrom ist an den Ätherleib gebunden und heftet uns an das gewordene Karma, an das Karma aus früheren Taten und Einstellungen. Zukunftsimpulse wirken über den Astralleib in unseren Wünschen und Sehnsüchten in uns hinein. Hier waltet ein werdendes Karma; dieses will die Welt von Morgen nach unseren inneren Intentionen impulsieren. In der Gegenwart ist ein Ich-Einschlag möglich, der Karma ergreifen, wandeln und gestalten kann. Das Ich kann sich vom alten Karma, von alten Einstellungen und Lebensmustern lösen: Freiwerden von etwas. Das Ich kann aber auch vom Hier und Jetzt aus in die Zukunft hineinhören: was will werden? Freisein für etwas. Erst in der Gegenwart entscheiden wir uns frei und zwar durch die Liebe zu einer Handlung, die wir für uns als richtig und notwendig erleben. Hier vereinigt sich die Vergangenheit und die Zukunft, damit neue und selbstbestimmte Wege beschritten werden können.

So zeigt sich das Ich in einer Sonnenwirksamkeit, Innen und Außen, Oben und Unten verbindend. Das Ich wird ganz: das irdische Ich, die Person und das „äußere" Welten-Ich, das Schicksal verbinden und ergänzen sich.

Die Widderkräfte aus dem Kosmos impulsieren das Ich im Willen. Sich selbst wollen und sich durchsetzen können. Das Ich und die Welt gehören zusammen. Vom Ich aus, sich im Inneren und die Welt im Äußeren erobern und impulsieren, das ist Widderwille. Die Löwequalität verbindet das „Oben" mit dem „Unten", das menschliche Ich, des Menschen Mitte mit dem höheren, mit dem geistigen Ich. „Ich bin ein geistig-irdisches Wesen. Ich bin." Schützekräfte führen hin zu einem Ziel und damit zur Substanz des Ichs. Die geistige Welt, die Welt der Weite und des höheren Sinns ist vom Ich her anzustreben.

Im Irdischen hat das Ich einen reinen Formcharakter, daher kann es sich auch mit allem identifizieren und in den vielfältigsten Identifikationen „untergehen", sich darin verlieren. Denn die Form füllt sich mit dem Inhalt, den das Ich erwählt.

Das höhere Ich, das geistige Ich hat einen Substanzcharakter. Es wirkt hinter dem Schicksal; es bewirkt das Schicksal. In der Annahme des Schicksals geschieht die Annahme der Welt, geschieht die Annahme der Substanz, die in der Welt, die im Schicksal wirkt - im höheren Ich. Die Form, das irdische Ich, hat sich letztlich für die Welt, für das Schicksal, für die Peripherie zu öffnen. Dies geschieht, wenn das Form-Ich selbst still werden kann, wenn es sich öffnet, zur „Schale" wird und unvoreingenommen lauschen lernt - was will da werden? Dabei ist unsere immerwährende seelische Tätigkeit, die innere Aktivität der Gedanken, Vorstellungen, Gefühle und Emotionen, zur Ruhe zu bringen, wir dürfen in eine Stille einkehren, um darin verweilen zu können.

Durch Konzentration wird die innere Aktivität gelenkt und gezügelt. In der Meditation wird das Ich auf einen höheren Sinngehalt hingelenkt und dieser in sich aufgenommen. In der Kontemplation geschieht die Wesensvereinigung des Form-Ichs mit der Substanz der Welt, mit dem Inhalt der geistigen Übung, mit dem Wesen selbst, das in allem wirkt. Ich und Welt werden darin eins. Die Vereinigung des Ichs, die Kommunion mit der Peripherie, mit der Welt, mit den Inhalten der Welt, wie auch mit dem Du, mit dem Nächsten, mit dem Schicksal und mit dem Himmel beziehungsweise mit der geistigen Welt und dem Selbst, mit dem hohen Ich, ist Weg und Ziel zugleich. Hier erst geschieht die Heilung aus der Kraft des Geistes.

Im Selbst, im höheren Ich, also aus dem geistigen Ich-Kern des Menschen, der das Leben lenken und gestalten lernt und zwar aus der Substanz und aus dem Willen des Höheren heraus, erfahren wir letztendlich das Heil.

Die Christuswesenheit trägt und erhält alle Iche dieser Welt. Er ist das Welten-Ich, das kosmische Ich, in dem alle Iche urständen. Er garantiert uns die freie Entfaltung des menschlichen Ichs. Wir sind in unserem Ich geistig frei, da der kosmische Wille uns mit einem Eigenwillen ausgestattet hat. Wir können uns daher auch gegen die gesunden und moralischen Qualitäten im Kosmos wenden. Christus wartet auf unsere freie Ich-Entscheidung; erst dann wird er helfend, beratend und führend zur Seite stehen.

Die menschliche Seele urständet und ruht letztlich in der Weltenseele, in der Weisheitssphäre der Welt, dem weiblichen Prinzip Gottes.

Der menschliche Leib und das Leben der Menschen urständen im göttlichen Vater- und Mutter-Prinzip. So trägt der Mensch den gesamten Kosmos, die ganze Schöpfung in sich. In dieser Schöpfung ist die göttliche Trinität, ist Gott immanent enthalten. Im Menschen kann sich die Schöpfung ihrer selbst bewusst werden. Vom göttlichen Sein, vom Geschaffenen, hin zu einem göttlichen Bewusstsein geht der Weg des Ich-Menschen. Eine Heilung beziehungsweise ein Heilwerden geschieht in diesem Gottesbewusstsein. Gott ist heil. In ihm, in seinem Bewusstsein werden wir selbst zum Heil. Alle Bereiche der Welt werden von seiner Macht erfüllt. So hat die Heilung des Menschlichen, wie des Natürlichen auch immer eine religiöse Dimension in sich. Nicht umsonst waren die Heiler in früheren Zeiten meistens auch die Priester.

Jedoch, wir dürfen auch nicht nur im Seelisch-Geistigen stecken bleiben. Alle Bereiche und alle Ebenen, auch die des Physischen wollen vom Göttlichen durchdrungen und geheiligt werden. Unser menschliches Leben wird eben auch durch die physische Ebene beeinflusst, zum Beispiel durch die Vererbung, die Konstitution und die Disposition der Leiblichkeit, die ja das Grundfeld beziehungsweise die Schwächen ausmachen, die dann zu zahlreichen Krankheiten und Gebrechen führen können. Desweiteren gehört die Lebensenergie-Ebene mit in die Berücksichtigung eines ganzheitlichen Heilgeschehens, wie auch die psychologischen Seelenkomponenten und das soziale Umfeld. Zudem ist unsere mentale und gefühlsmäßige Einstellung und unsere innere Motivation dem Leben gegenüber zu berücksichtigen. Sodann ist die karmische Ebene, die Welt des Schicksals und die Schicksalsheilung einzubeziehen. Und schließlich noch die geistig-spirituelle Ebene, der Sinn und die religiöse Dimension einer Krankheit oder Krise.

Eine Krankheit kann alle Ebenen umfassen, manchmal die eine mehr oder auch weniger. Sicherlich gibt es dann Gebrechen mit mehr physischen, seelischen oder geistigen Ursachen. Ein Heiler, der ganzheitlich, der den ganzen Menschen heilen will, benötigt folglich eine gute Erkenntnis- und Handlungsfähigkeit auf allen Ebenen, denn eine Ebene allein reicht meist nicht weit genug, wenn diese vielleicht auch gesund gemacht wird, zum Beispiel durch eine Symptombehandlung oder durch sogenannte Blockadenauflösungen. Werden Charakterstrukturen, seelische Verhaltensweisen oder Sinnfragen ausgelassen, sucht sich das Schicksal, das höhere Ich, neue Offenbarungsmöglichkeiten gewisser Lernmöglichkeiten, mit denen der Mensch dann sicher nicht viel leichter fertig wird.

Natürlich kommt es auch auf die Methoden in einem therapeutischen Prozess an. Doch die heilende Kraft, die bis in Schicksalstiefen lenkend einwirken kann und zu einer inneren Klarheit führen will, wird im Lebenspraktischen oftmals erst durch eine Begegnung möglich. In der Menschenbegegnung will sich der Heiland offenbaren. Darin will und kann er einwirken.

So kommt der Beziehung, auch vom Therapeuten zum Hilfesuchenden, eine größere Bedeutung zu als der Methode selbst. Diese kann nur ein Einstieg sein.

Oftmals verlieren sich die Leute in den Methoden und Techniken oder hüpfen von einer Methode zur anderen und pflegen so ihre Krankheit über Jahre hinweg. Eine wirkliche Begegnung hat dabei gar nicht stattgefunden. Beide, der Therapeut und der Kranke, haben nämlich einen Prozess zu durchschreiten. Therapeusis heißt im Griechischen soviel wie pflegen, helfen, begleiten, dienen. In diesem therapeutischen Prozess müssen meistens beide, der Therapeut und der Patient, oftmals an einen Nullpunkt kommen, wo es scheinbar nicht mehr weiter geht, wo man mit seinem

„Latein" am Ende ist. Dahinter erst kann sich Geistiges offenbaren. Etwas Unerwartetes kann geschehen, wenn wir im Eigenwillen, auch im Helferwillen kapitulieren.

Aus reiner Menschenmacht kann man nicht heilen. Wir müssen uns einem „Höheren" hingeben lernen. Dann kann sich der höhere Wille kundtun.

In Träumen, in Schicksalsbegegnungen, in Gesprächen und in neuen Möglichkeiten kann sich das Lichthafte, eine lichtere Zukunft zeigen. Altes, Behinderndes, das dem neuen Leben im Wege steht, muss nach und nach aufgegeben oder gewandelt werden. Das kann auch mit einem harten Ringen verbunden sein.

Heilung geschieht immer durch einen Weg, der Opfer, Verzicht und Wandlungen verlangt. Darin finden sich letztlich wiederum die vier Stufen des Kultischen. Sie wollen zum Heil hinführen.

1. Offenbarung, Verkündigung - (Studium, Erkenntnis): Die Anamnese, die Diagnose, die Erkenntnis des Mangels und die der Notwendigkeit einer Veränderung.

2. Opferung - (Reinigung): Überwinden alter Muster und Verhaltensweisen.

3. Wandlung - (Erleuchtung): Neue Qualitäten erwerben. Altes, nicht Genügendes durch neue Einstellungen, sowie durch neue, wahrhaftige Motive und darauf folgende Handlungsweisen ersetzen.

4. Kommunion - (Gotteinigung): Heilsein. Das Neue, das Gesunde, Positive und Heile in sich integrieren und leben. Ein neues Sein ersteht, das auf Bewusstsein gründet und durch die Liebe zu diesem Neuen errungen wird. Die Liebe zum neuen Leben und Sein, im Willen und in der Weisheit Gottes, lässt heiler werden - immer ein Stückchen mehr, langsam, aber sicher.

Dieses Heil wird ausstrahlen - in alle Ebenen, in denen es errungen wurde und von da in die Welt, in die Natur, zu den Mitmenschen, zur Erde und in die Welt des Geistes - des heiligen, heilenden Geistes, in dem das Heil seinen Ursprung nimmt: Im Geist der Wahrheit und der Erkenntnis. Er will im Menschen zur Liebe führen und macht uns wahrhaft frei und heil.

Ökologisch-ökosophischer Ausklang

Wenn man unsere ökologischen Probleme und Aufgabenstellungen, zu der Zeit als ich diesen Artikel im Frühjahr des Jahres 2001 niederschrieb, nüchtern betrachtet, konnte einem damals schon Angst und Bange werden. 2019 ist noch vieles schlimmer geworden. Die Früchte unserer Taten und Versäumnisse werden immer sichtbarer. Bei den wachen, mitfühlenden und nachdenklichen Menschen macht sich schon seit einiger Zeit eine zunehmende Resignation bemerkbar, da die Umweltschädigungen stetig weiter wachsen und das Weltklima kurz vor dem Kollaps steht. Eigentlich kann man ja nur noch verzweifeln, so denken viele oder die ganze Problematik wird verdrängt, man überspielt die Probleme mit den vielfältigsten Ablenkungen und Oberflächlichkeiten oder man will das ganze Ausmaß der Zerstörungen nicht wahrhaben. Leugnung ist ja eine bekannte psychologische Abwehrhaltung.

Schon aber der Begriff Umwelt distanziert den Menschen von der Natur, denn wir sind ja ein Teil der Welt. Eher sollten wir da von einer Mitwelt sprechen. Und wie gehen wir mit dieser um?

Auf der sinnlichen Ebene werden unsere Schandtaten gegenüber der Natur und der Mitwelt immer stärker bewusst. Die chemisch-industrielle Landwirtschaft, die ausbeutende Massentierhaltung, Auto- und Industrieabgase, Müllberge, Wasser-, Meer- und Luftverschmutzungen, die abnehmende Schutzschicht der Erde, Elektrosmog, radioaktive Abfälle, der Klimawandel und vieles mehr, zeigen letztlich doch nur unseren egozentrischen Standpunkt der Erde gegenüber, der meist nur nehmen will.

Die sinnliche Ebene weist in einem ganzheitlichen Sinne auf das Rot des Vitalen und Natürlichen. Hier herrschen folglich noch große Mängel. Eine gesunde, vitale und sinnliche Einstellung zu sich selbst und dem natürlichen Leben gegenüber, wird uns wieder in Einklang bringen können mit den Elementen des Seins.

Die Erde besitzt aber nicht nur die natürliche Welt, die wir mit physischen Augen sehen, sondern auch ein dunkles Innenleben, eine schwarze Wandlungsseite. Diese innere Ebene gleicht einem alchymistischen Laboratorium, denn die Erde verwertet alle Stoffe, die die Natur hervorbringt. In der Natur gibt es keinen Müll. Da können wir von unserer Erde noch sehr viel lernen.

Die dunkle Erdgöttin wird die Menschheit mahnen müssen, wenn wir weiter gegen die Erde arbeiten und nur nehmen und nichts Entsprechendes zurückgeben wollen. In früheren Kulturen war die dunkle Göttin auch als Todesgöttin bekannt, zum Beispiel in der indischen Göttin Kali. Sie wird uns zurechtweisen, auch in Form von Naturkatastrophen, die letztlich aber von uns Menschen selbst heraufbeschworen werden. In geläuterter Weise kann die dunkle Erdgöttin uns helfen, uns lehren und sie kann heilen. Dazu muss der Mensch seine eigenen dunklen Seiten in der Seele erkannt und verwandelt haben. Die Menschheit als Ganzes steht heute vor dieser Aufgabe.

Vielfältige Tierkrankheiten, die immer wieder Europa und die ganze Welt heimsuchen und vielen Menschen Angst machen, aber auch die Öl- und Plastikverschmutzungen der Meere und das Sterben vieler Wasservögel und anderer bedrohter Tierarten, sowie das Ausbeuten und das grausame Abschlachten unschuldiger Tiere „schreit" doch gegen den Himmel. In diesem Umgang mit der Tierwelt offenbart sich leider nur unser abscheuliches Rennen um das „goldene Kalb", um das Geld. Wirtschafts- beziehungsweise Geldinteressen scheinen den Menschen mehr zu bedeuten, als eine gesunde Welt und Erde, die uns am Leben erhält. Da kann man ja wirklich an einem gesunden Menschenverstand zweifeln.

Die Wirtschaft soll nur noch mehr wachsen - für wen eigentlich? Wir leiden doch eh schon an einer Überproduktion, werfen Nahrungs- und Konsumgüter weg und dies auf Kosten der Erde. Nur um der Aktionäre und Geldanleger willen soll alles andere leiden müssen?

Früher gab es despotische Fürsten und Herrscher, die das gemeine Volk ausbeuteten. Heute sitzen die dunklen Kräfte in den Großindustrien, in der Pharma-, Öl-, Computer- und Waffenindustrie und beim Großkapital der Banken und Investoren. Da haben wir es letztlich mit dunklen okkulten Vereinigungen zu tun, die die Menschheit an den Mammon fesseln wollen. Die wenigsten Angestellten, die dort arbeiten, sind sich jedoch dessen bewusst. Viele politische Regierungen sind leider oftmals nur noch „Marionetten" von wirtschaftlichen Kreisen oder sie sind von diesen sehr leicht erpressbar. Ahriman, der Herr des kalten Intellect's und des Zwanghaften, will die Menschheit versklaven, so dass diese den Zugang zum lebendigen Geist verliert. Wir sind schon auf einem recht fortgeschrittenen Weg dorthin. Die nächsten Jahre und Jahrzehnte werden diese Tendenzen noch fortsetzen wollen.

Der Seelenteil im Menschen, der hauptsächlich mit den Kräften der Erde in Beziehung steht, ist der weibliche Anteil: die Anima. Auch die Menschheit als Ganzes besitzt eine Anima: die Menschheitsseele. Also gilt es zunächst, bevor man zu einer Gesundung und Erlösung des Menschen kommen kann, die dunkle Seite der Anima zu erkennen. Diese ist zweifacher Natur.

Erstens zeigt sich ein dunkler Mutteraspekt als das Klammernde und das Vereinnahmende, das nicht loslassen kann. Kosmologisch ist dies die Sphäre des Schwarzmondes. Hier geht es um Besitz, Prestige und Macht. Wird dieser dunkle Seelenanteil nicht in sich selbst erkannt, so gerät der Mensch in die Klauen des Mammon. Ahriman hat nur Macht über das Unbewusste, Unerkannte und Ungeläuterte in der Seele.

Das Schwarz soll sich wandeln zu einem Blau des Dienens. Zum Mutterprinzip gehört auf einem spirituellen Weg eben auch die sogenannte Pieta. Die Mutter muss lernen loszulassen und zu verschenken. Erst wenn sie Macht und Besitz loslassen kann, wird sie Freiheit finden.

Die zweite dunkle Seite der Anima zeigt die Verführerin beziehungsweise die leidenschaftliche Frau in ihrer Begierdenhaftigkeit. Lilith-Kräfte wollen die Menschen durch zahlreiche süße Verlockungen verführen, zum Beispiel in der Werbung und Unterhaltung oder in der Erotik und sexuellen Ausschweifung. Alles soll dem Eigengenuss und dem persönlichen Vergnügen, also der eigenen Bequemlichkeit und Eitelkeit dienstbar sein. Dadurch wird der Mensch in seinem spirituellen Streben verblendet. Vieles kreist nur noch um sich selbst. Die Welt soll nur noch Genuss, Begierde und Leidenschaft und zur Selbsterhöhung dienlich sein.

Die Überwindung des Selbstsüchtigen lässt dieses „Dunkle" wandeln und erhöhen. Ein Verzichtenkönnen und eine innere Einkehr tut Not. Erst dann kann allmählich eine Metamorphose, eine höhere Ebene erscheinen.

Selbstverständlich hat nicht nur die Anima ihren dunklen Seelenaspekt. Auch der Animus, der männliche Seelenanteil trägt gleichfalls zu unserem Leiden bei. Zur Genüge ist der Macho und Despot bekannt, der seine „Stärke" stets beweisen muss, meist auf Kosten Schwächerer. Zudem kennen wir alle einen Größenwahn, den Hochstabler, sowie den Maßregler und Verneiner.

Zu unserer heutigen dekadenten Lebensart steuern beide Seiten, der dunkle Animus und die dunkle Anima ihren Anteil bei. Sie müssen deshalb auch gemeinsam verwandelt werden. Ansonsten versinken wir in einem dunklen Abgrund - in der Seele und in der Welt.

Der Weg des zeitgenössischen Menschen beginnt zumeist im Sinnlich-Natürlichen, im Rot des Lebens und führt heute zunehmend durch das Dunkle, Schwarze, eben durch den seelischen Abgrund, worin wir unsere innere Eigenständigkeit und Freiheit erringen können und auch sollen. Dann erst kann das lichte Weiß des Geistes zur Offenbarung gelangen.

Die geistige Seite der Erde konnte in früheren Zeiten mehr atavistisch, also mehr naturhaft veranlagt, zum Beispiel im Schamanismus erfahren werden. Heute gibt es wieder Bewegungen, die sich erneut einer spirituellen Dimension der Erde zuwenden wollen. In der Geomantie, in der sakralen Architektur oder auch in der biologisch-dynamischen Landwirtschaft sind Strömungen zu sehen, die sich auf den Weg zum Geist der Erde gemacht haben.

Die Erdenmutter ist kulturell gesehen in den geistigen Archetypen und Götterbezeichnungen der Gaia, der Demeter, der Erdmutter Eva, im Christlichen in der Mutter Maria oder auch in der Mutter Natura und in der Göttin Diana aufgezeigt. Sie leidet heute sehr.

Der schwarze Bereich ist zum Beispiel in den Archetypen der Königin der Nacht, der Salome, der Kundry und der Herodia namentlich in unserer Kultur zu finden.

Lilith wird in geläuterter Form zur Maria Magdalena - von der

Buhlerin zur Hüterin des Gral. Die Göttin Isis hat diesen dunklen Aspekt in sich integriert. Sie will und kann die Seele durch den finsteren Abgrund zum Licht der Sonne hinführen. Als schwarze Madonna erscheint sie im Christentum.

Die geistige Ebene der Erde will immer mehr mit dem Sonnenprinzip in Einklang kommen. Der Sonnengeist, der Christus hat sich mit der Erde verbunden. Die Geistessonne und somit der Christus vermittelt die Geistebene der Erde, die Maria, mit der Sternenwelt, mit der göttlichen Sophia, mit der himmlischen Weisheit. Dadurch erfährt die Erde in der Maria-Sophia auch ihren himmlischen Anteil.

Das Geistige will aber nicht nur in der Erde, sondern auch im Menschen einwohnen. Über den christlichen Jahreslauf findet der Mensch einen Zusammenklang mit der Erde und mit dem Kosmos. Christus, der Sonnengeist, der sich ganz mit dem Irdischen verbunden hat, vereint sich an Himmelfahrt mit dem Himmelsgeist der Sophia. In und durch Christus zieht dieser kosmische Geist langsam in den Herbsttagen bis in die Winterzeit in die Erde ein und verbindet sich an Weihnachten mit der Erdenseele, mit der Mutter Maria. Maria, die Erdmutter und Sophia, die Sternenmutter, werden damit wieder eins, von Jahr zu Jahr etwas mehr.

Ist der dunkle Bereich in der Seele und in der Welt mit angenommen und der Versuch zu einer Läuterung getan, so ersteht auch Isis in der Erde neu. Sie kann wandeln und heilen, in dem sie alles integriert. Auch die kranke und verschmutzte Erde kann dann allmählich wieder gesunden. Die Erde ist in der Isiskraft sehr stark und mächtig. Das werden wir alle noch spüren, wenn wir nicht bereit sind, umzudenken und von unseren Egoismen loszulassen.

Isis lüftet den Schleier. Sie macht sichtbar, auch die Fehler und sie zeigt Wege aus dem Abgrund auf. Für den kosmischen Urgrund ist es ja recht leicht möglich, unsere Verfehlungen und Auswüchse zu beheben, wenn wir nur mittun. Dann werden auch einmal neue Techniken und Mittel gefunden werden, um die Schäden an der Erde und an den Seelen heilen zu können.

Die christlichen Sakramente können uns dabei helfen, denn sie bringen kosmische Kräfte in das Erden-Menschen-Sein. Wir sollen schließlich an der Erde Weisheit erringen und in Liebe handeln lernen.

Durch das Überwinden des Selbstsüchtigen und der Einwohnung eines Geistigen, nämlich der Maria-Isis-Sophia im Zusammenwirken mit dem Christus, lässt sich das Dunkle, die Unwissenheit und das Abgetrennte erkennen, annehmen, wandeln und integrieren.

So wird man zukünftig auch einsehen können, dass die heutigen Schandtaten gegen die Natur letztendlich die Menschheit sogar voranbringen können. Aus unseren Verfehlungen und Sünden entsteht ein Lernprozess. Leider oftmals erst nach harten Mahnungen beziehungsweise durch die schlimmen Folgen und Leiden aus unseren Fehlern und Versäumnissen. Langsam werden die Menschen so aber zu echten Partnern mit der Natur und für diese heranreifen. Ein gemeinsames Leben mit der Erde wird zukünftig möglich sein. Nicht mehr die Mutter-Kind Version, wie in alten Zeiten, als die Erde noch behütend und beschützend und dann auch wieder dominierend und furchteinflößend erlebt wurde, sondern viel mehr in einer gleichberechtigten Weise.

Die Erde kann Mutter, sie kann auch Geliebte sein und sie kann zur Braut werden, mit der wir uns vor dem Himmel vermählen.

Unsere Resignation und unsere Katastrophen- beziehungsweise unsere Weltuntergangsgedanken nützen eigentlich niemanden, am wenigsten uns selbst, denn Gedanken und Gefühle können aufbauend oder zerstörend wirken. So brauchen wir für eine gute Zukunft auch gute Gedanken und Empfindungen, denn schlechte, negative Gedanken ziehen das Unheil an. Wir brauchen schon deshalb einen Glauben an den inneren, an den guten Menschen, auch in der Menschheit.

Die Welt ist gut, so wie sie gerade ist. Denn wir brauchen sie eben so wie sie ist, nämlich und vor allem für unser Lernen. Wir bekommen immer die Erde, die wir verdienen. Also ist das Leben auch gerecht mit uns, zumindest wenn man es von einem erweiterten Blickwinkel aus betrachtet.

Natürlich soll man sich dabei vor lauter „Positivität" nicht vor der Wirklichkeit verschließen und nur das Schöne sehen wollen. Umgekehrt gilt dabei aber immer auch noch, allem und damit auch dem Dunklen und Abgründigen, dem Kranken und Hässlichen eine schöne und gute Seite abgewinnen zu können. Irgendwo hat auch das Schlimmste noch eine gute Möglichkeit in sich. Dies sehen zu lernen, macht uns gütig. Ja, auch der Natur gegenüber, gilt es gütig zu werden. Denn darin wirken die göttlichen Vater-Mutter-Kräfte selbst. Im göttlichen Vater und in der göttlichen Mutter urständet letztendlich die Kraft der Güte.

Sicherlich benötigen wir für eine solche Haltung und Einstellung sehr viel Toleranz den Zeitgenossen gegenüber, die oftmals andere Lebensgewohnheiten haben und auch noch andere Erfahrungen machen müssen. In dieser Toleranz und dem Respekt und der Achtung vor dem Mitmenschen offenbaren sich die kosmischen Sohnes-Kräfte.

Wer die Wahrheit finden will, was nun gut und richtig ist, wird sowieso von seinen persönlichen und oftmals einseitigen Standpunkten abweichen müssen. Um zu einer ganzheitlichen Anschauung gelangen zu können, müssen wir verschiedenartiges Wissen und vielfältige Erfahrungen zusammentragen und mehrere Standpunkte einnehmen können. Eine Zusammenschau vieler Erkenntnisse und Weisheiten führt zum Geist der Wahrheit. Er verbindet uns mit dem Geistgott, mit dem Heiligen Geist. Er darf und soll uns leiten und führen, im Erdenleben durch Maria, in der Menschenseele durch Isis und im weiten Sternenall in der Sophia. Der göttliche Sohn verbindet alle Welten, in uns und außen. Er verbindet die Kräfte des Natürlichen mit denen des Himmlischen. Im Verein mit ihm erfassen wir das Seiende, die gegenwärtigen Aufgaben und den Sinn für eine zukünftige Welt, in der die Menschheit nicht als Fehler oder Irrung, sondern als Krone der Schöpfung betrachtet werden kann. Und dies aber nur im Zusammenklang mit der Erde und mit der großen Mutter des Alls.

Die Erde ist unser Weg, sie ist Heimat und Mission. An ihr dürfen wir wachsen, uns erproben und reifen. Mit ihr finden wir zum Geist, der uns nicht abheben lässt, sondern der uns bodenständig, ehrlich, achtsam und respektvoll machen will.

In diesem Sinne wünsche ich uns und der Erde ein schönes, zufriedenes und liebevolles Zusammensein und -leben.

Nachwort

Vieles ließe sich noch zur Erde sagen. Allein die vielen natur-wissenschaftlichen Erkenntnisse über die Beschaffenheit der Erde füllt zahllose Bände. Hier wurde jedoch das Augenmerk verstärkt auf spirituelle und religiöse Gesichtspunkte gelenkt. Doch ohne eine Einbeziehung der physikalischen und untersinnlichen Aspek-te bleibt dieses Vorhaben natürlich unvollkommen.

Allein schon die natürliche Erde mit ihren Quellen, Flüssen, Seen, den Meeren und Wäldern, den Gebirgen, Höhlen und vielen anderen Naturerscheinungen weist auf enorme lebensspendende und lebenserhaltende Kräfte hin, die Mutter Erde allen Lebewesen zum Wachsen, Gedeihen und Gesunden schenkt. In den Rhythmen der Gezeiten, in der Nahrung, im Wetter und in der Luft kommt zudem ein Zusammenklang mit den planetarischen Kräften von Sonne, Mond und den Planeten zustande, der zeigt, wie Mutter Erde und der gesamte Kosmos uns alle ernähren, beleben und gesunden kann.

Aber auch krankmachende Kräfte, wie elektromagnetische Gitter (Hartmann und Curry), Wasseradern und Erdverwerfungen steigen aus der Erde empor. Sie verweisen auf die unterirdischen, ahrima-nischen Kräfte, die die Erde durchziehen. In der indischen Göttin Kali oder in der germanischen Göttin Hel finden diese Kräfte zum Beispiel einen mythologischen Ausdruck.

Das Innere der dunklen Erde ist geheimnisvoll und recht schwer ergründbar, nicht nur im naturwissenschaftlichen Sinne, sondern auch in einem geistigen. Die Geisteswissenschaft kennt neun Erd-schichten, die eine Polarität zu den neun göttlichen Hierarchien aufweisen, also auch auf dunkle, negative und böse Kräfte hin-deuten. Erst im goldenen Erdkern ist dann die höchste Sphäre, ist die göttliche Trinität gespiegelt und erfahrbar, wenn zuvor die höllischen Sphären durchschritten worden sind.

In der Erde, im Ganzen der Erde sind somit Himmel, Erde und die Unterwelt vereint. So können wir hier auch alle Sphären und Reiche, zumindest bewusstseinsmäßig durchschreiten lernen. Im nachtodlichen Leben werden diese Reiche für die Seele dann real. Doch noch dürfen und sollen wir uns um die Schönheiten der natürlichen Erde kümmern, diese achten, pflegen und hüten, ansonsten sind wir zu stark den untersinnlichen Kräften aus Magnetismus, Schwerkraft, Elektrizität und Radioaktivität ausgeliefert. Der menschliche Geist ist heute ja oftmals zu deren Sklave degradiert, denn er dient zusammen mit diesen untersinnlichen Kräften vor allem dem menschlichen Egoismus, der Bequemlichkeit und damit einem geistigen Materialismus. Nicht mehr die Götter sind dann führend, sondern der Glaube an Atome, Moleküle, Neuronen, Quarks, an chemischen Stoffe und physikalische Kräften und ähnlichem, die das Menschsein ausmachen sollen, sind im „modernen" Weltbild immer mehr bestimmend. Ein geistiges Sein, eine vorgeburtliche und nachtodliche Existenz wird darin meistens abgelehnt. Das Menschsein wird nur noch auf diese Stoffe und Kräfte reduziert. Welch eine Reduktion und Verarmung. Wenn wundert es da noch, wenn die Menschen moralisch verkümmern. Denn die geistige, die übersinnliche Welt ist schließlich eine moralische Welt.

Bestimmte Auseinandersetzungen mit diesen untersinnlichen Kräften, zum Beispiel in den elektronischen Medien, sind heute natürlich angesagt, doch wir werden diese erst wirklich meistern können, wenn wir die übersinnlichen Kräfte und Wesen mit einbeziehen. Dadurch wird es erst möglich, dass wir ohne allzu großen Schaden auch diese untersinnlichen und finsteren Bereiche durchschreiten können, die in und durch diese Technologien in die Lebenssphäre der Erde einströmen und einwirken können, wodurch wir sozusagen eine Art Höllenfahrt durchleben werden, um einmal ins Zentrum, zur inneren Sonnenerde hingelangen zu können. Da erwartet uns der Christusgeist. Er ist dort vereint mit der göttlichen Mutter: Männliches und Weibliches, der Himmel und die Erde bilden da eine Einheit. Der Gral, der ewige Jungbrunnen ist eben auch in der Erde, in deren Mitte zu finden. Daher kann diese innere Sonnenerde als ein zukünftiger Keim, der auch in der menschlichen Seele auferstehen will, von jedem spirituellen Sucher angestrebt werden.

Wir brauchen also nicht mehr nur in ferne Himmelswelten „abzuheben", um dort einen spirituellen „Schatz" finden zu können. Die Erde, unsere Mutter ist wie eine große Herberge, die viele Welten, Ebenen und Bereiche in sich trägt und immer wieder und von Neuem geistiges Leben, in einem fortwährenden Weihnachtsereignis in sich gebiert. Von Jahr zu Jahr, von Jahreslauf zu Jahreslauf stetig wachsend und sich erneuernd hat die Erde eine sonnenhafte Zukunft vor sich. Dank dem Christusgeist, der sich jedes Jahr immer wieder neu mit ihr verbindet und die Heilige Hochzeit von Himmel und Erde, von Sonne und Mond, von Sternenkräften mit den Kräften der Erde vollzieht. Und wir Menschen dürfen an diesem großen Geschehen teilhaben, wenn wir uns für diese Kräfte und Wesen öffnen können. Dafür dürfen wir eigentlich nur noch dankbar sein.

Mit einem Gedanken und Apell von Rudolf Steiner möchte ich diese Schrift beenden. Die moderne Zivilisation der Menschheit ist in die Phase des Herbstes eingetreten und so wie die Blätter in der Natur sich verfärben und abfallen, so sollte auch der Mensch vieles abfallen lassen, was ihm keine gesunde Zukunft mehr schenken kann. Dann kann er erleben, wie im Abfallen der „Blätter" ein Aufsteigen des Geistes beginnen kann.

„Alles, was die Menschen erhoffen von einer Erneuerung des sozialen Lebens, es wird nicht kommen von all den Diskussionen und von all den Institutionen, die sich auf ein Äußerlich-Sinnliches beziehen. Es wird allein kommen können, wenn ein mächtiger Inspirationsgedanke die Menschheit ergreift, durch welchen wieder Moralisch-Geistiges unmittelbar im Zusammenhange gefühlt und empfunden wird mit dem Natürlich-Sinnlichen". (GA 223, S. 44, Dornach, 2. April 1923)

Franz Weber am Michaelstag 2019

Literaturverzeichnis

Ursula Fassbender: Die Erde - der vergessene Planet
Gabriele Quinque: Der Tempelschlaf
Th. Jenny-Kappes: Muttergöttin und Gottesmutter in Ephesus
Marco Pocagnik: Elementarwesen
            - Erdsysteme und Christuskraft
            - Wege der Erdheilung
Stefan Brönnle. Die Kraft des Ortes
H. Schmutz: Die Tetraederstruktur der Erde
Georg Thun-Valsassica: Platonische Körper und Globalgitter
            (Zeitschrift Hagia Chora Nr. 6)
Rudolf Meyer: Der Mensch und sein Engel
White Eagle: Das Juwel im Lotos
            - Goldene Ernte der Liebe
Rupert Mayer: Mein Kreuz will ich tragen
Artur Schult: Weltenwerden und Johannes-Apokalypse
Rudolf Steiner: Die Apokalypse des Johannes
            Der Jahreslauf als Atmungsorgan der Erde
Gottfried Hertzka: So heilt Gott (Die Medizin der hl. Hildegard v.
            Bingen)
Walter Holtzapfel: Medizin und Mysterien
Gregg Braden: Das Erwachen der neuen Erde.
Siegfried Woitinas: Der Mensch zwischen kosmischen und
            irdischen Energien
Ita Wegmann: Das Mysterium der Erde
Johan v. Kirschner: Lehrbuch der esoterischen Erdkunde – das
            spirituelle Wesen der Erde
Flensburger Hefte: Gespräche mit Elementargeistern (mehrere
            Hefte)
Willigis: Testament eines Eingeweihten
Douglas Baker: Die menschliche Aura
Lea Sanders: Die Farben der Aura
Jack H. Holland: Liebe - Urquelle Ihrer Kraft

Vom Verfasser dieser Schrift sind noch weitere Werke erschienen:

- Auf dem Weg zum Gral (Für die Suchenden und die Hüter des
  Heiligen Gral)
- Partnerschaften im Lichte eines spirituellen Christentums
- Spirituelle Partnerschaften im Lichte der Sternenweisheit
  (Eine kosmologische Studie)
- Im Namen des Wortes (Eine geistige Wegweisung)
- Kosmos, Mensch und Erde – Warum wir auf der Erde sind
- Aufbruch zur Dimension der Tiefe (2 Bände)
- Zeitfragen im Lichte der hermetischen Philosophie
- Zeit zur Umkehr
- Wege zum Heil – Aspekte zur Heilung von Mensch, Erde und
  All
- Tarot- Die großen Arkana im Lichte der Hermetik
- Spirituelles Chrstentum
- und einige mehr, alle erschienen bei Books on Demand

Gedichtbände:
- Im Kreuz der Welt
- Aus Schmerzen geboren die Liebe
- Liebe erlöst
- Geistespfade

Weitere Informationen unter: www.perceval-institut.de
Für das künstlerische Werk: www.urania-kunst-galerie.com